HACK ton mental

ELODIE T

HACK *ton mental*

MARABOUT

SOMMAIRE

Introduction 6

Devenir hackeur de ton mental

Cœur de hackeur : ton intention 10

La prise de conscience 14

La bienveillance 16

La voie du hacking 19

"H" pour holistique 20

"A" pour apprendre 23

"C" pour cocréer 25

"K" pour kief et kaizen 27

Le haka « Ose te Déployer » 29

Holistique : la matrice

De l'énergie à la matière : l'information 32

Le pouvoir de la pensée sur le corps : le lien corps-esprit 37

Les origines de la pensée dans le cœur : le lien cœur-esprit 43

Du monde intérieur au monde extérieur : de l'intention à l'attraction 46

Le pouvoir de l'intention 46

La loi de l'attraction 51

Ton monde extérieur à l'image de ton monde intérieur 54

L'influence de l'expérience 55

Le travail de la mémoire 58

Apprendre : le code, le langage

De la pensée à la destinée 66

Sème une pensée et tu récolteras une action 67

Sème une action et tu récolteras une habitude 67

Sème une habitude et tu récolteras un caractère 68

Sème un caractère et tu récolteras une destinée 69

Le langage de la sécurité 71

Créer des séparations 71

Maintenir la stabilité et l'équilibre des systèmes 74

Savoir analyser le contexte 78

Éviter les dangers 78
Saisir les opportunités 81
Le circuit de la récompense 81
Le système de la motivation 82
Le langage de la création 85
Apprentissage 86
Expérience 89
Le langage de l'être 92
Tes pensées 93
La pensée positive 93
La pensée neutre 93
La pensée négative 94
La pensée parasite 94
Les messages diffusés par tes pensées 95
Le message émotionnel 95
Le message de l'équilibre 96
Le message de ton histoire 96
Le message du temps 96
Tes croyances 100

Cocréer : le hacking bienveillant
"C" pour conscience 111
"R" pour reconnaissance 113
"O" pour origine 115
"I" pour inversion 118
"R" pour ressentir 123
"E" pour expérience 125

Kaizen et kief
Kaizen 132
1. Évaluer le point de départ 132
2. Définir l'objectif et les étapes 133
3. Agir 133
"A" pour agir 134
"V" pour valoriser 134
"E" pour explorer 134
"C" pour continuer 135
4. Réévaluer 135
Kief 137

Conclusion 139
Ose te Déployer 140
Notes 142

INTRODUCTION

Salut à toi, ô lecteur ! Salut à toi, ô cher hackeur !

Si tu es en train de lire ce livre, c'est probablement parce que tu ressens l'appel du pirate. Inlassablement, tu tentes d'accéder à la terre promise et aux ressources qui te permettront de te sentir mieux ? Tu as le sentiment d'être parasité par des pensées qui tournent dans ta tête ? Tu te freines constamment, car tu ne te crois pas capable ? Tu penses trop et, surtout, tu penses limitant ? Tu perçois que ton mental t'alerte et que tes pensées t'appellent ailleurs ? Tu pressens ce qu'elles cherchent à te dire ? Tu ne veux plus lutter ? Eh bien, cher pirate, bienvenue à toi ! Tu es au bon endroit.

Le hacking que je te propose est avant tout une voie d'apprentissage. Bien loin de l'archétype du hackeur agressif et combattant, le hackeur qui nous intéresse est celui qui, animé d'une conscience éveillée, s'attache à comprendre le système dans lequel il évolue, en apprend le langage et le code pour en exploiter le potentiel dans le sens qui lui convient, avec justesse et bienveillance. Il est un chercheur et un cocréateur.

Je suis Élodie T., thérapeute-énergéticienne. Dans mon parcours, j'ai suivi de nombreux méandres et franchi parfois des abysses. C'est en travaillant à ma guérison que j'ai acquis les outils que je te transmets aujourd'hui. Je ne détiens aucun principe universel, je peux seulement t'offrir les vérités que j'ai découvertes en chemin. Devenir la meilleure version de soi revient à savoir comment nous fonctionnons et à utiliser nos ressources dans la voie du mieux-être. Avec bienveillance, je vais te guider pour te permettre d'accueillir et d'intégrer chaque part de toi-même, afin de leur donner l'espace nécessaire à leur déploiement. Il n'existe aucune solution qui te soit extérieure, aucune baguette magique ; tu es la solution, tout est déjà là, en toi, et ne demande qu'à être révélé : il te faut simplement apprendre, comprendre et aimer. Ta force ne tient nulle part ailleurs que dans tes mains fébriles, ton esprit curieux et ton cœur agité. Alors nous allons, au fil de ces pages, assurer ces mains, rassasier cet esprit et ouvrir ce cœur, car c'est bien dans l'alignement de cette trinité que réside ton pouvoir, lequel n'a d'autres limites que ton imagination.

C'est parti !

Voici ta feuille de route.

★ **Engage-toi !** Non pas envers moi, mais envers toi-même. Ce programme n'est pas miraculeux, c'est le début d'un chemin intérieur qui nécessite que tu t'y impliques, que tu t'y investisses profondément et sincèrement. Le magicien, c'est toi !

★ **Apprends !** « Connais-toi toi-même » est la première clé. Tu ne peux pas faire évoluer une situation que tu ne comprends pas. La connaissance rend libre, elle te permettra de reprendre possession de ton pouvoir personnel et de redevenir acteur et cocréateur de ton espace intérieur, de ta vie.

★ **Donne-toi le temps !** Ne te demande pas si ce cheminement sera long. Seul compte ton espace-temps intérieur, que les choses soient faites sur une durée qui te convienne.

★ **Agis !** L'expérience est indispensable à l'apprentissage : tu vas donc devoir mettre à l'épreuve la théorie, afin de découvrir ta propre vérité. Personne d'autre que toi-même ne peut savoir ce qui est bon et juste pour toi. C'est pourquoi je t'invite à mettre en œuvre, principalement en t'observant, l'ensemble des pratiques que je te proposerai, car l'observation est le socle de l'apprentissage et de la compréhension. Ainsi, en plus de ton costume de hackeur, tu peux aussi enfiler celui de Columbo !

★ **Sois honnête !** Il s'agit là d'un chemin de développement personnel. Si les troubles qui t'affectent sont profonds ou qu'aucun progrès ne se dessine, je t'engage à te tourner vers les professionnels qui sauront t'accompagner. Le travail que nous allons initier ne dispense en aucun cas d'un suivi, les deux approches sont au contraire complémentaires.

HACK

Devenir hackeur de ton mental

Lorsque nous pensons au hackeur, nous avons tendance à imaginer un individu sombre, amer et menaçant, confiné dans l'obscurité de son environnement et de son cœur, tapotant rageusement sur le clavier de son ordinateur dans le but, déclaré ou non, de détruire un système qu'il déteste, qu'il pense injuste ou oppressant. Un justicier de l'ombre agissant seul, motivé par le désir de nuire, de tout faire exploser pour repartir de zéro, de réinitialiser un modèle dont il se sent exclu ou dont lui-même s'exclut. Le hackeur nous fait peur, il parle un langage qui nous est étranger et mène des actions ressenties comme agressives, qui nous effraient. Ce n'est pas un archétype auquel nous avons envie de nous identifier. Mais le hackeur, c'est aussi Neo (dans le film *Matrix*), cet individu qui, plus que tout, cherche à comprendre un système dans lequel il ne se retrouve pas. Celui qui sent intuitivement qu'il y a autre chose, quelque part, et qui, guidé par son cœur, au rythme de ses tourments intérieurs, s'efforce de découvrir ce qui lui permettrait de donner du sens, de s'affranchir, de se libérer... Tu commences à te reconnaître ?

Devenir un hackeur de soi-même, c'est donc chercher et apprendre. Ce qui fera de toi un hackeur bienheureux, c'est la conscience que tu mettras dans tes actions, l'intention qui les motivera et ta capacité d'apprentissage.

COEUR DE HACKEUR
ton intention

Ce qui détermine le résultat d'une action est l'intention dont celle-ci provient. L'intention, c'est le mouvement de l'âme par lequel on tend à une fin. Elle est comme la couleur de l'action, sa charge énergétique. Parfois, nous entreprenons dans des intentions qui ne sont pas justes (entends « justesse ») pour nous-mêmes ou pour autrui, le résultat est donc incohérent. Lorsque tu t'engages dans une action, tu dois être dans l'alignement entre le physique, l'émotionnel et le mental. La justesse de l'intention, c'est l'alignement de cette trinité, autrement dit, l'honnêteté envers toi-même. Elle relève de la cohérence entre ce que tu es et ce que tu fais. Une intention qui n'est pas dans la justesse, c'est-à-dire qui se révèle dans la négation d'une part de l'être, mènera à une issue dissonante ou incomplète. Par exemple, tu veux maîtriser tes pensées pour ne plus entendre la voix en toi qui te fait douter. Tu cherches le contrôle sur cette part de ton être qui a peur, ton intention est la fuite ou le mépris de ce qui te gêne. Le résultat sera probablement qu'elle criera plus fort, d'une autre manière.

La question première, quand tu t'engages dans un travail de développement personnel, est donc de définir ce qui motive ton action. Or, ce type de considération dérange, car il te touche au cœur – là où pourtant se situe la réponse.

Pour que ton intention soit juste, elle doit provenir du cœur : il est le centre, celui qui dirige le cerveau et l'un des plus puissants outils dont tu disposes, un indicateur infaillible si tant est que tu l'écoutes. Ce sont bien le cœur et ton ressenti qui indiquent la voie à ton mental, tu dois donc les considérer comme des sources d'information primordiales

Le dialogue intérieur est souvent le meilleur moyen d'y accéder. Il pourrait se dérouler ainsi :

— Pourquoi veux-tu hacker ton mental ?
— Parce que mes pensées me limitent.

— Pourquoi est-ce qu'elles te limitent ?
— Parce que j'envisage toujours le pire.

— Qu'est-ce qui fait que tu envisages toujours le pire ?
— Parce que j'ai peur de ne pas être à la hauteur.

— Pourquoi est-ce important pour toi d'être à la hauteur ?
— Pour me sentir à ma place.

— Pourquoi est-ce si important de te sentir à ta place ?
— Pour me sentir légitime.

Ta tête estime que tes pensées te limitent, mais ton cœur t'indique que tu cherches la légitimité.

Autre exemple :

— Pourquoi veux-tu hacker ton mental ?
— Parce que mes pensées tournent en boucle.

— Qu'est-ce qui fait qu'elles tournent en boucle ?
— Parce que je rumine sans cesse le passé.

— Qu'est-ce qui fait que tu rumines le passé ?
— Parce que j'ai été blessé.

— Qu'est-ce qui t'a blessé ?
— Je me suis senti rejeté.

Ta tête juge que tes pensées tournent en boucle, mais ton cœur te dit que tu as peur du rejet.

Dans un cas ou dans l'autre, l'intention est toute différente, et le résultat le sera également : t'efforcer de stopper le petit vélo dans ton esprit sans traiter la question du rejet est ainsi inutile, autant que chercher à faire taire tes croyances limitantes sans combler ton besoin de reconnaissance. En revanche, si tu définis de façon juste le but que tu recherches et que tu commences à éclairer les origines de tes problématiques, alors tu maintiendras intention et attention en tension vers ceux-ci.

C'est en toi que tu trouveras les meilleures réponses à tes besoins. Tu es ta première et ta meilleure ressource.

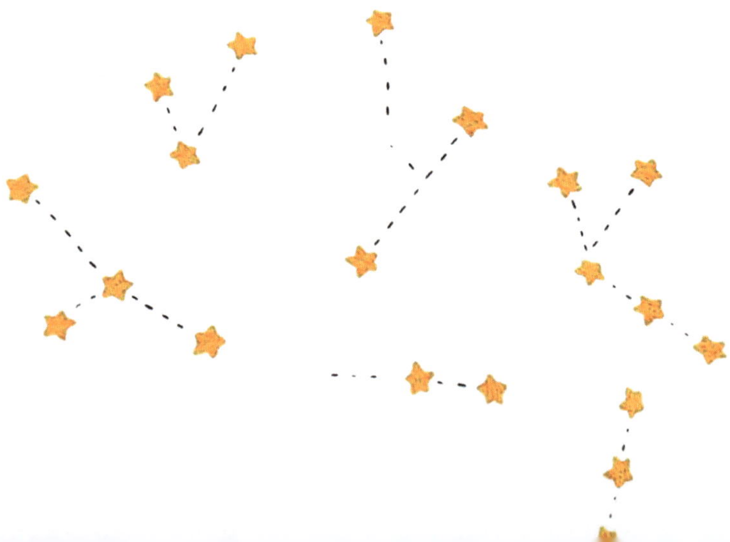

Pratique

Pose-toi au calme, crée un environnement propice à la détente et coupe toute source de distraction. Prends un moment pour te décontracter avec quelques grandes respirations, en allant bien au fond des expirs, puis centre-toi sur ta problématique et questionne doucement en prêtant attention aux réponses du cœur et en remontant le fil posément jusqu'à ce que tu sentes que tu y es, que tu touches à un nœud ou à un fondement.

Tu n'as aucune obligation de résultat. Écoute ce qui se manifeste et accueille-le comme de l'information.

Scanne le code et laisse-toi guider vers le message de ton coeur.

N'hésite pas à noter ce qui se passe en toi.

Voilà, ton intention est maintenant claire.

Next !

LA PRISE DE CONSCIENCE

Pour explorer les méandres de ton mental, tu vas devoir être un hackeur conscient, et ramener tes pensées au premier plan. La plus grande part de ta vie psychique se fait en automatique : sur les millions d'informations que capte ton cerveau, seule une infime partie est portée à ta conscience. La conscience, c'est le sentiment intérieur que tu éprouves à l'égard d'une chose. Il te faut donc avant tout te mettre à l'écoute de ce que tu effectues machinalement, ce qui te permettra de sortir de l'état d'auto-hypnose dans lequel tu es la plupart du temps...

Je ne te le cache pas : regarder en face et avec honnêteté le fonctionnement de ses pensées peut se révéler inconfortable, mais c'est une attitude qu'il est nécessaire d'adopter.

En effet, tes pensées et les croyances qui se sont créées dans ta jolie petite tête sont le produit de ton vécu. Ton cerveau les a enregistrées avec le ressenti qui leur est associé, et elles conditionnent ton expérience future en la teintant de multiples souvenirs. Ce passé, tu le juges souvent, voire tu lui fermes la porte. Travailler sur ton mental et tes schémas de pensée, c'est donc principalement travailler sur ton histoire, sans omettre sa part d'ombre, afin d'accepter ce qui te constitue.

Toutefois, tes pensées résultent aussi d'un système très élaboré, conçu pour être le garant de ta survie. Ton cerveau s'appuie sur un certain nombre de mécanismes élémentaires qui alimentent un programme de base, hérité d'innombrables générations et de millénaires d'évolution. C'est ton système d'exploitation par défaut. Il est fort efficace, certes, puisqu'il nous a permis de franchir les siècles, mais un tantinet contraignant dans le monde d'aujourd'hui.

Je t'invite donc à percevoir à nouveau tes pensées, sans jugement, juste dans l'accueil, en les rendant intelligibles.

Pratique

Tu réfléchis et tu agis tout le temps de façon automatique en fonction de tes pensées, tu émets des jugements et tu prends des décisions sans t'en apercevoir à longueur de journée, soit pour te préserver, en réaction à quelque chose que tu perçois comme un danger, soit en mettant en lien le présent avec un souvenir.

Aussi, nous allons jouer à *Inception*...

Observe-toi, relève les actions que tu mènes et les choix que tu opères dans la journée. Laisse germer l'information, puis, le soir même, pose-toi et liste tes actes en te demandant quels sont ceux qui ont été accomplis consciemment.

Ce que j'ai fait	**En conscience**	**Automatiquement**
Le trajet en métro		✓
Le choix de mon déjeuner	✓	

Pour le moment, c'est suffisant, aie juste conscience que parmi toutes les décisions que tu prends chaque jour, pour beaucoup, ton mental s'affranchit de ton point de vue.

Te voilà maintenant averti qu'il fonctionne un peu (largement) sans toi.

Next !

LA BIENVEILLANCE

Être bienveillant, c'est être bien éveillé. C'est cet éveil à toi-même qui te permettra de commencer à agir et, surtout, de commencer à comprendre. Tout chemin d'apprentissage appelle un point de départ ; lorsque les choses sont automatiques ou dans l'inconscient, tu n'as aucune prise dessus. Il te faut donc t'ouvrir à tes propres pensées. Ce n'est qu'à partir de cette conscience intime que tu pourras entreprendre de transformer le système en place en en utilisant les ressources.

La bienveillance envers toi-même implique le non-jugement. En effet, tout, dans l'individu et sa vie intérieure, a sa raison d'être. Aucun de tes comportements, qu'ils soient ou non toxiques, aucune de tes croyances, limitantes ou aidantes, n'est arrivé comme ça, par magie. L'ensemble de l'être et de ses systèmes constitutifs œuvre à sa survie et à sa sécurité. Prenons un exemple : tu nourris une croyance selon laquelle le vélo, c'est dangereux, et tu n'oses pas en faire. Cette certitude te vient probablement d'une chute douloureuse ou d'un souvenir inconfortable en lien avec la pratique du vélo, ou bien encore d'un incident dont tu as été témoin…

En portant un jugement sur une situation ou un état, tu ne peux pas en exploiter les ressources, tu restreins tes potentialités. C'est cela, la bienveillance envers soi-même, c'est sortir de l'autocensure et voir les choses du point de vue de la gratitude, comme des ressources potentielles et des voies de guérison.

Notre cher hackeur, devant son clavier, ne se soucie pas d'évaluer la pertinence du code informatique qu'il envisage de percer, il tente simplement de le comprendre et d'analyser ses fonctionnalités. Il ne juge pas le système sur lequel tourne sa machine, il n'a d'autre choix que d'accepter ce programme de base et d'en tirer profit au mieux, dans un but qui sera juste pour lui.

L'une des clés de ta réussite sera donc d'être à l'écoute de ce qui agit, et non d'excuser tes failles.

Reprenons l'exemple du vélo. Tu crois que tu ne peux pas en faire sans t'exposer à un danger et tu te juges pour cela, tu te compares aux autres et tu te dévalorises, tu es frustré de ce blocage. Or, c'est précisément par ce comportement que tu renforces ta croyance et que tu te limites. D'un autre côté, si tu te forces, tu passes à côté de choses précieuses. En effet, la croyance que tu nourris – la peur du vélo – est relative à ton histoire, elle t'indique que quelque chose en toi se sent menacé. En te jugeant, tu te prives de l'enseignement et de l'opportunité de dépasser tes inhibitions.

Te contraindre, c'est te maltraiter ; être dans la bienveillance, c'est apprendre à guérir.

Pratique

Je t'invite à expérimenter une technique que l'on appelle tout simplement l'« exercice de la cruauté », mais allégée – je ne voudrais pas avoir d'ennuis...

Chaque fois que tu auras une pensée négative à ton sujet (si tu te parles mal, si tu te déprécies, etc.), tu en garderas trace en le marquant d'une croix dans un carnet. Dans l'exercice d'origine, tu es censé t'enfoncer l'ongle dans la cuticule du pouce ; n'allons pas jusque-là, tu serais sans doute en sang rapidement, mais tu peux te pincer pour être plus doux. L'idée est de te permettre de prendre conscience de tous les jugements que tu portes sur toi-même et de toutes les pensées limitantes qui te traversent au quotidien.

Par exemple :

• Tu fais tomber tes clés à terre : « Ah ! quelle cruche ! »

• Tu fais brûler tes œufs au plat : « Ah ! mais vraiment, j'en rate pas une ! »

• Tu passes devant cette jolie robe en vitrine : « Non mais, sur moi, ça n'ira jamais ! »

On n'est pas contre un peu de bienveillance, non ?

Next !

LA VOIE *du hacking*

Le hacking que je te propose est celui qui puise sa source dans le désir de compréhension, dans la quête de sens. Car c'est bien ce dont souffre notre monde, et probablement ce dont tu souffres, toi aussi : se sentir pris dans un système qui fonctionne sans nous, où nous ne sommes que des automates dont les actions paraissent absurdes, vivant dans la déconnexion à soi la plus complète bien que connectés en permanence et qui, pourtant, ressentent une impulsion irrépressible de chercher autre chose… Mais où ? Notre premier réflexe est de sonder ce qui nous est extérieur ; or, comme Néo, tu apprendras que la force est en toi, qu'il n'existe rien, nulle part, qui ne soit déjà là, tapi dans l'ombre de ta conscience.

Mémo

C'est cette quête de sens, cette pulsion de vie, qui nous fait nous tourner vers toujours plus de développement personnel et de bien-être, dans l'heureux espoir de trouver des réponses, des solutions à cette incompréhension latente et à ce non-sens de nos existences.

Dès lors que tu commences à te poser ces questions, tu es déjà en situation de hacking, c'est le premier pas sur le chemin qui t'attend, le premier souffle. Grâce à cette conscience que tu aiguises, tu sens au plus profond de toi que quelque chose gît qui, une fois émergé, t'amènera à te remettre en question.

Il te semble que, lorsque tu auras compris, tu pourras être libre, t'affranchir du système. Et en effet, la liberté réside dans la connaissance. Il n'est aucun chemin qui ne nécessite effort, motivation et apprentissage. Tu as bien raison, depuis la lueur de ta conscience, d'ouvrir la porte à la connaissance et à la liberté.

La notion de hack que nous allons envisager peut se résumer à cet acronyme :

> "H" pour **holistique.**
> "A" pour **apprendre.**
> "C" pour **cocréer.**
> "K" pour **kief** et **kaizen.**

"H" POUR HOLISTIQUE

Le hackeur derrière son écran cherche à pirater un système global. Il ne pourra concentrer ses efforts à l'endroit juste et accomplir son dessein que s'il considère cette base de travail dans sa version holistique. Et puisque toutes les lignes de ce code sont interdépendantes, chacune des actions qu'il exercera aura des répercussions sur l'intégralité du programme.

De manière analogue, il n'est aucune sphère de ton être qui ne soit dissociée des autres. Tu es fait de dix systèmes physiologiques (musculo-squelettique, immunitaire, cardio-vasculaire, pulmonaire, digestif, urinaire, reproducteur, endocrinien, nerveux et lymphatique), auxquels on peut ajouter les systèmes mental et émotionnel. Ça représente du monde ! Mais surtout, aucun ne fonctionne seul, tout est interconnecté. Tu es un ensemble de systèmes dans un système.

Le cerveau est un organe complexe qui possède ses propres règles. Parce qu'il travaille sans discontinuer et en grande partie de façon automatique, il te permet d'agir sans que tu aies besoin de réfléchir à chacune de ses actions. Néanmoins, ce qui s'y passe est subordonné à tes perceptions et à la vie de ton être.

Tes pensées sont causes et conséquences de cette activité cérébrale continuelle. Avant même que tu ne les conscientises, elles t'aident à comprendre le monde et à t'y positionner. Mais elles te placent aussi en toi-même et définissent tes possibles. Leur champ d'action énergétique et informatif les dépasse largement. De ce point de vue, elles se révèlent un puissant outil de création de ta réalité tant intérieure qu'extérieure.

La mémoire joue également un rôle décisif dans ce processus. C'est en fonction des situations auxquelles tu as été confronté, qui ont laissé une trace dans ton mental, que ton cerveau recompose ce qui t'entoure. Tu vis en quelque sorte dans un simulateur où le présent et le passé se mélangent, te donnant une représentation virtuelle de la réalité, conditionnée par tes expériences et tes aptitudes, elles-mêmes déterminées par ton vécu.

Pour comprendre le pouvoir de création de ton mental ainsi que ses fins mécanismes de perception et d'interprétation du monde, tu dois donc impérativement en privilégier la vision complète dans le système global de l'être.

Pratique

Observe pour un ou deux jours comment tes pensées influent sur la réalité.

Par exemple, par quoi es-tu préoccupé avant un rendez-vous galant ? « Je ne vais pas être à la hauteur, je ne me sens pas belle ou beau, il ou elle va me juger », etc. Mets en lien tes doutes et tes appréhensions avec ce qui se produit dans les faits et analyse ce que provoque ta posture intérieure.

À l'inverse, note aussi les choses pour lesquelles tu nourris des réflexions positives. Par exemple, lors d'un entretien professionnel, tu es sûr de toi, et ça se passe hyper bien.

Ramène juste au-devant de la scène le fait que tu donnes de l'information à chaque chose que tu entreprends et qu'ainsi tu conditionnes ce que tu vis.

Interaction avec le monde	**Pensée**	**Résultat**
Ton rendez-vous galant	Je ne vais pas lui plaire	Oups !
Ton entretien avec ta ou ton boss	Je suis au top	Canon

Alors, simple pensée ou pouvoir créateur ?

On y revient dans « Holistique : la matrice ».

"A" POUR APPRENDRE

Comprendre ton mental nécessite de réapprendre deux ou trois petites choses. De même que tu ne peux pas communiquer clairement avec quelqu'un dont tu ne connais pas la langue, tu ne pourras pas hacker un système dont tu ne maîtrises pas les tenants et les aboutissants. Comme le pirate informatique, il va donc te falloir acquérir en premier lieu un langage, un code. Et l'apprentissage, condition *sine qua non* de ton évolution, est intimement lié à l'expérience.

Ton mental peut être comparé à la trame du Web, une vaste toile interconnectée. Sauf que ce réseau est bien réel : il s'agit de ton système neuronal. Chacune de tes pensées est à l'origine d'une connexion entre des cellules nerveuses, et l'ensemble de ces interactions constitue la cartographie de ton cerveau. Comme pour une toile d'araignée, l'activation d'une fibre se répercute sur la totalité de la structure. Tout est plastique, rien dans l'être n'est figé, tu peux par conséquent faire évoluer à tout moment ta carte mentale (*mind map*). Et même si tes schémas de pensée t'incitent à aller vers telle ou telle chose ou te retiennent au contraire face à certaines tentatives, en raison d'expériences plus ou moins concluantes, cette capacité du cerveau de se modifier – la neuroplasticité – est ton meilleur atout pour hacker ton mental.

Par ailleurs, le langage de ton cerveau est avant tout celui de la survie. Son objectif numéro un, non négociable, est la préservation de ton intégrité, priorité qui l'a conduit à mettre en place, au fil des siècles, des programmes par défaut afin de te maintenir en vie. La compréhension de ces stratégies est essentielle pour appréhender les processus qui s'échafaudent au-delà de la conscience. Ton mental essaie tout simplement de faire au mieux : plus tu tenteras de le contraindre, plus il résistera. Il est le bienfaiteur le plus maladroit qui soit, mais un bienfaiteur quand même. Ta capacité à mettre en œuvre de nouvelles actions est conditionnée par ton passé, car ton cerveau cherche toujours à t'éviter la souffrance, la frustration ou le danger. C'est ainsi que se construisent tes croyances, à mesure des expériences ; elles sont comme des cailloux sur ton chemin, des ponts ou des entraves.

Pratique

Pour mieux comprendre la nécessité de l'apprentissage, je t'invite à enfiler ton costume de Columbo.

Lorsque tu seras confronté à une nouvelle expérience, aussi minime soit-elle, analyse ta prise de décision, la manière dont tes pensées s'articulent sur ton passé, ton ressenti et tes croyances.

Par exemple : on te propose d'aller dans un bar que tu ne connais pas, au sein d'un quartier qui ne t'est pas familier. Observe le cheminement de tes pensées : « La dernière fois que j'ai été dans un bar inconnu… je n'ai pas mes repères dans ce secteur, je ne sais pas par quels moyens de transport il est desservi ni quelle est la réputation du quartier en question… » Note l'opinion que tu as de tes compères, comment s'active le sentiment d'insécurité ou de confort…

Relève la façon dont ta décision face à une situation inhabituelle est conditionnée par une multitude de mécanismes et de souvenirs, à quel point ton mental te conduit à résister à une expérience ou au contraire à la stimuler en fonction de tes acquis. Ramène tranquillement ce processus à ta conscience sans le juger.

Alors, besoin d'éclairage ? Envie d'apprendre une ou deux choses ? On y revient dans « Apprendre : le code, le langage ».

"C" POUR COCRÉER

Les pensées les plus ancrées en toi sont tes croyances, et ce sont ces croyances mêmes qui, par leur potentiel aidant ou limitant, positif ou négatif, te font te mouvoir. Ta sphère mentale t'amène par conséquent vers la création ou vers l'immobilisme. Mais rien n'est le fruit du hasard et l'être ne s'impose jamais des limites pour le plaisir. Si les choses vivent à l'intérieur de toi, c'est pour une bonne raison. Rien ne sert de lutter contre ton mental ni de le prendre à contre-pied, car en agissant ainsi, tu lèves ton système de défense, et cette rupture sera perçue comme une menace.

Là encore, plutôt que de le combattre, il est plus productif de le comprendre et de croire de nouveau en toi.

Je ne pense pas que l'on puisse fondamentalement changer. Le vouloir reviendrait de fait à accepter qu'une part de soi est mauvaise ou inapte. On peut en revanche se transformer. Tu n'as pas besoin de changer, tu as besoin de devenir celui ou celle que tu veux être. Il s'agit de transcendance, de cocréation.

Si nous en revenons à notre hackeur, il ne dénature pas le système qu'il pirate, il l'exploite en le faisant évoluer vers une version améliorée, plus juste et congruente pour lui. Il travaille avec les ressources en présence. Tu portes en toi cette habileté à apporter une réponse, à construire avec ton esprit : à toi d'en tirer parti, tu verras, c'est bien plus apaisant que de lui résister. C'est en cela que réside ton pouvoir créateur, dans ta capacité à assumer la responsabilité de ton potentiel et à le déployer dans le sens voulu. Hacker ta sphère mentale, c'est prendre conscience de tes ressources, les comprendre, les accepter et composer avec elles pour tendre vers la version de toi-même qui te semble optimale et satisfaisante.

Pratique

Imagine-toi face à une nouvelle expérience, face à une zone d'inconnu, et prête attention aux réactions de ton mental. Tente-t-il de te dissuader ? Recherche-t-il des supports logiques et cognitifs, de l'apprentissage ? Te transmet-il une foi implacable dans tes ressources ? Va-t-il sonder ta mémoire en quête d'un vécu similaire ?...

Il s'efforce la plupart du temps de s'appuyer sur un socle, afin de te guider dans l'action en sécurité. Il a besoin de croire. À cet effet, il va chercher à apprendre ou bien à puiser dans ta richesse mémorielle pour voir si tu as déjà réussi une expérience analogue.

Tu dois l'inciter à croire de nouveau.

Alors, contrôle ou cocréation ? On y revient dans « Cocréer : le hacking bienveillant ».

"K" POUR KIEF ET KAIZEN

Le "kief" est défini comme le repos absolu au milieu de la journée, ce moment où tu te prélasses, où tu te détends totalement. Parvenir à cocréer avec ton mental pourrait ressembler à une sorte de relâchement total, car avoir à lutter contre lui est tout simplement épuisant : il agit à 90 % hors de ta conscience, tu es battu d'avance. Ne cherche pas à le duper, et tu gagneras le repos du guerrier.

À mes yeux, un combattant victorieux est celui qui dépose les armes et ôte son armure. C'est celui qui assume ce dont il est fait, ses forces et ses faiblesses, sans tenter de les cacher. Tant que tu portes une cuirasse, c'est que tu estimes avoir besoin de protection. Cependant, c'est cette carapace et cette tension de l'être qui te rendent infiniment vulnérable. Lorsque tu te dépouilles et que tu acceptes humblement la fragilité inhérente à ton humanité, tu découvres tes ressources et tu deviens invincible. Si toi-même tu n'as plus peur de ce que tu es et de ce que cela peut produire, alors, qui pourra t'atteindre ?

Cet état de délassement de l'être, qui se manifeste quand tu as compris, accueilli et rendu les armes, se fait alors permanent.

La notion de *kaizen*, issue de la tradition japonaise, est la philosophie de la progression constante, toujours à petits pas. Vouloir instaurer des modifications drastiques et substantielles dans ta vie et ton rapport à toi-même risque de t'amener à un constat d'échec, car ton mode de vie actuel est la conséquence de ton vécu et des choix que tu as opérés. C'est la zone de sécurité créée par l'être à mesure de l'expérience. Proposer un changement radical lèverait toutes tes structures de défense, et te conduirait droit dans le mur. Tu ne peux pas bouleverser en un jour la toile que tu as tissée toutes ces années durant, tu dois accepter le matériau dont tu es fait et travailler avec les ressources en présence. C'est pourquoi je suis plutôt partisane de l'idée de devenir un pas après l'autre. Assure-toi des transformations positives et pérennes en les mettant en œuvre un pas à la fois.

Pratique

Tes pensées sont automatiques et sont le produit de ta perception et de ton histoire, tu ne peux pas coller un nouveau mode de pensée sur l'ancien sans considérer le terreau d'origine. Je t'invite à une petite expérience. Porte ton attention sur une problématique, par exemple une hésitation constante lorsqu'il s'agit de te mettre en avant.

Phase 1

Identifie la croyance qui va avec cette problématique. Questionne-toi tranquillement : « Qu'est-ce qui fait que j'ai peur de me mettre en avant ? Je n'ai pas confiance en moi, je ne suis pas assez bien, ou bien je vais être jugé... »

Phase 2

Remplace la croyance arbitrairement : « J'ai confiance en moi, je suis assez bien, ou bien je n'ai pas peur du jugement... »

Phase 3

Observe. Alors, c'est magique, tu es OK pour te mettre en avant ? Non, pas vraiment, tu flippes... et c'est normal, tu ne peux pas nier la toile de fond, tu dois travailler avec et non contre toi-même, et souvent, ça passe par un travail de guérison.

Changer ou devenir ? On y revient dans « Kaizen et kief ».

Et pour que tu ne sois pas en reste et te donner un peu de motivation, pose-toi un moment au calme et visualise ce que serait ta vie et comment tu te sentirais en étant au clair avec tes pensées, avec un mental apaisé... Alors ? Le kief, non ? On y revient encore dans « Kaizen et kief ».

LE HAKA «OSE TE DÉPLOYER»

👁 HACK, ce petit acronyme, cette vision toute personnelle du hacking, pourrait bien être un mantra ou un chant guerrier, la comptine du pirate...

«Je kiffe de cocréer avec mes émotions, par l'apprentissage, pour mon bien-être holistique.»

HACK

Holistique : la matrice

Au jeu du hacking, ton mental est le grand architecte, à la fois la source et le code, l'auteur et l'interprète. Il est l'interface sur laquelle se tricotent et se détricotent tes pensées, tes croyances, où se figent tes expériences et qui, finalement, conditionnent ta perception du monde et de toi-même. Il est le support de ta réalité intérieure et extérieure, la toile sur laquelle elle se dessine. L'information mettant en forme cette réalité est diffusée par tes pensées, qui commandent au corps. L'énergie de ton mental est celle de la création pure et absolue. Son champ d'action s'étend de tes cellules à ton environnement. Par le pouvoir de ton intention et la focalisation de tes pensées, tu peux ainsi agir sur la réalité matérielle.

Ton mental est le mécanisme de ton esprit ; l'esprit est le souffle, la partie incorporelle de l'être, qui pour autant structure la pensée et l'ensemble des processus par lesquels l'homme – toi – conceptualise le milieu environnant. Modifier tes pensées, travailler sur ton mental, peut donc réellement faire de toi un puissant maître d'œuvre. Il est le siège d'une gigantesque matrice qui perçoit et construit ce qui t'entoure à mesure de tes besoins et de ton expérience, façonnant ton monde extérieur à l'image de ton monde intérieur.

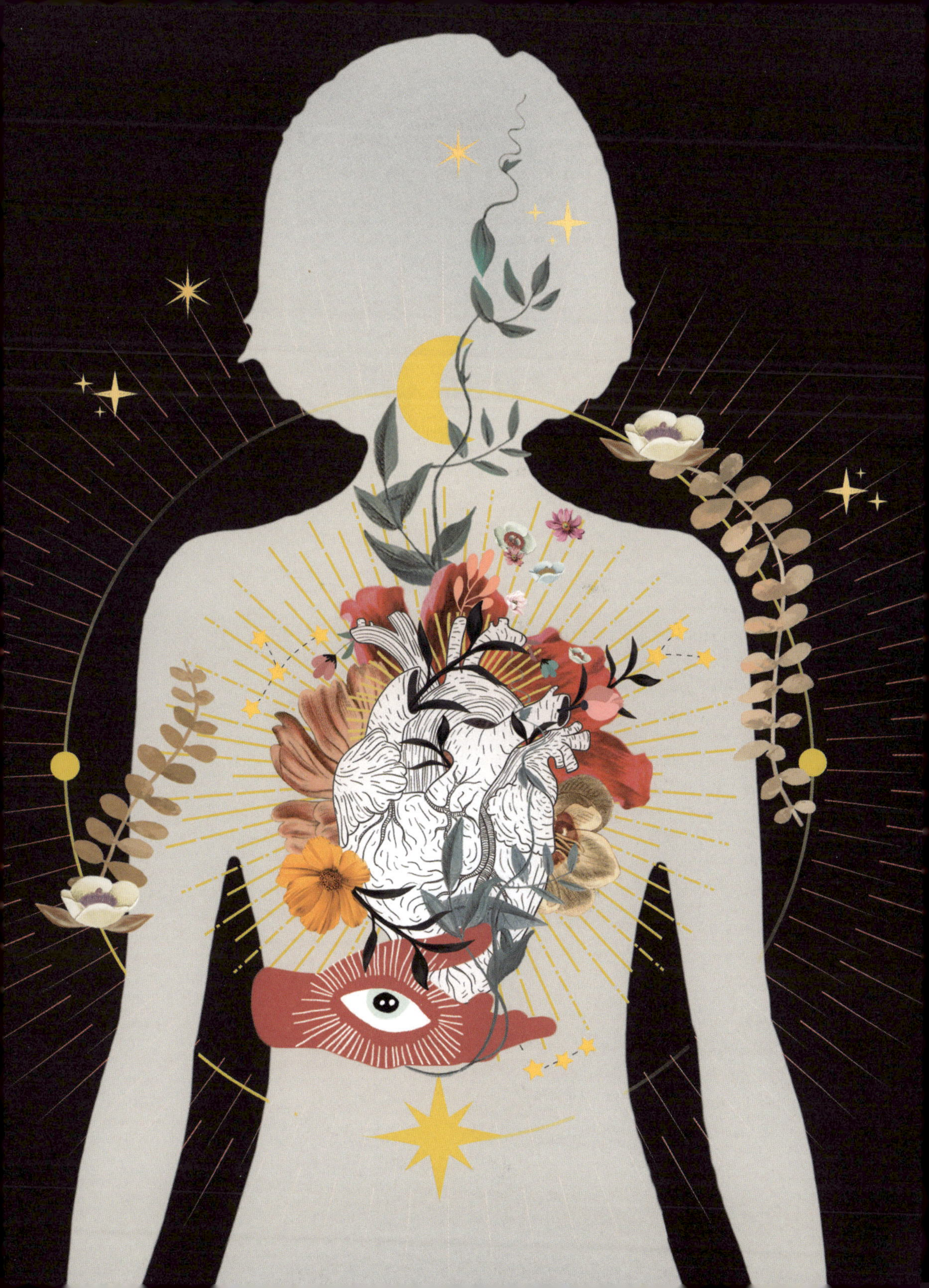

DE L'ÉNERGIE À LA MATIÈRE : *l'information*

Nous allons commencer par passer un petit moment dans les laboratoires de physique, car c'est là qu'a été confirmée l'hypothèse selon laquelle ta conscience, tes pensées, influent sur ton monde. C'est un peu complexe, je te l'accorde, mais on va rendre ça fun pour que tu comprennes que le champ d'influence de ton mental, le système sur lequel tu agis, c'est juste l'Univers. Alors, mieux vaut qu'on s'y attarde un peu.

On peut considérer que l'Univers est composé de trois aspects intimement liés : l'énergie, l'information et la matière.

Si on ramène la matière, ce que nous connaissons le mieux, à sa plus petite parcelle, la particule subatomique (ou élémentaire), on trouve de l'énergie. Ces éléments s'assemblent et se complexifient pour former les atomes, puis les molécules, puis les cellules, puis le matériau constitutif de notre corps physique et de tout ce qui nous entoure.

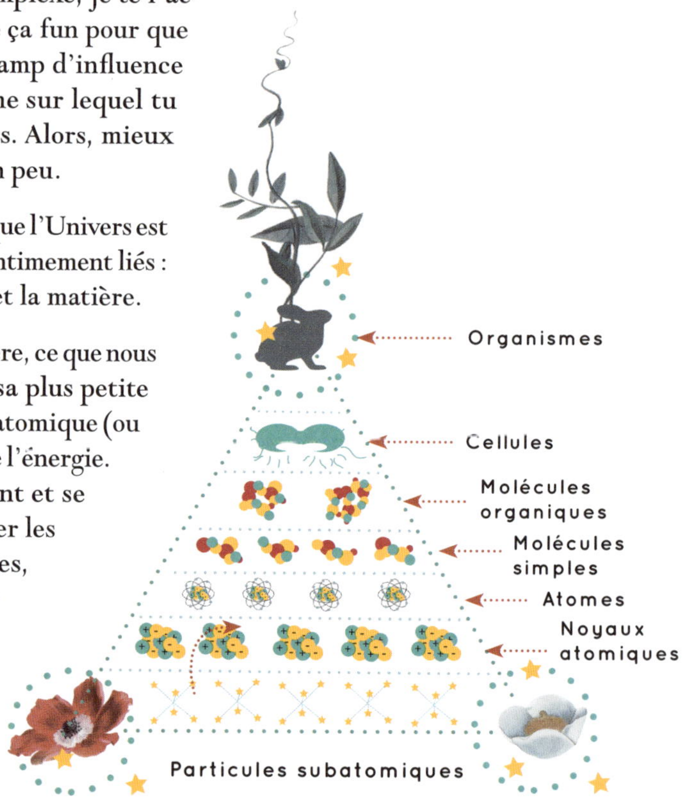

Mais pourquoi l'énergie tend-elle à se condenser pour devenir de la matière ? Il semble que ce comportement soit dû à l'information (du latin *informare*, « mettre en forme ») qu'elle porte. C'est cet état de fait, produit des recherches des physiciens, qui approche la physique quantique d'une dimension spirituelle. En effet, les découvertes de ces nouveaux scientifiques posent la question d'une conscience universelle, inhérente à l'énergie dont l'Univers est composé.

Pour comprendre cela, penchons-nous sur une expérience menée par un physicien britannique : celle des fentes de Young.

Au début du XIXe siècle, Young (Thomas, de son prénom) souhaite déterminer la nature de la lumière. Bah oui, pourquoi pas ? Les caractéristiques des photons qui la constituent s'apparentent à celles des particules élémentaires, ce n'est pas idiot... Il s'amuse donc à projeter un faisceau lumineux contre un écran, et ce, à travers une paroi percée de deux fentes. On s'attendrait en toute logique à voir apparaître sur l'écran deux bandes lumineuses distinctes. Eh bien non, on observe une onde lumineuse sur la totalité de l'écran. Ce qui n'est pas normal si l'on considère la lumière comme un ensemble de particules organisées, soit de la matière. Tu peux transposer avec de la matière tangible, comme de la peinture, si ça te paraît plus clair.

Première conclusion : la nature de la lumière est en même temps ondulatoire et corpusculaire, en d'autres termes, c'est une énergie et de la matière.

En son temps, une telle découverte était déjà prodigieuse, car cela remettait en question ce que l'on croyait savoir de la matière. Mais ce n'est pas tout...

On a affiné l'expérience en projetant la lumière photon par photon (bah oui, tant qu'à faire, autant pousser le vice)... pour obtenir strictement le même résultat[I]. Autrement dit, et cela nous amène à la seconde conclusion : le photon, censé réagir comme une particule, se comporte comme une onde en passant dans un même temps par les deux fentes du dispositif. Genre « trop la flemme de me matérialiser, j'reste une onde »... Entendre : la matière serait en fait de l'énergie.

Mmh… intéressant. Mais quel est le rapport avec notre mental ?

On y vient…

Ce résultat ayant fasciné la communauté scientifique, on a entrepris de pister le photon, afin d'analyser de plus près son comportement. Parce que, quand même, c'est un sacré farceur… On s'est aperçu qu'en fonction de l'observation, celui-ci présentait les spécificités d'une onde (de l'énergie) ou d'une particule (de la matière). Lorsqu'il était observé, il passait par une seule fente (matière) ; en l'absence d'observation, il empruntait les deux (énergie)[2]. Le petit coquin… un vrai gosse, ce photon… Le fait de le mesurer le contraint à choisir un état, l'expérience elle-même conditionne le résultat. Les probabilités se superposent et c'est le contexte qui amène la particule à définir sa position[3].

On en conclut que le regard de l'observateur influe sur le comportement des particules élémentaires, les incitant à évoluer tantôt comme des ondes, ou des charges énergétiques, tantôt comme des particules, ou de la matière physique.

Cette expérience est tout simplement révolutionnaire, car elle met en lumière – c'est le cas de le dire – l'impact de l'information, de la conscience, sur la matière. Ainsi la matière, telle que nous la concevons habituellement, n'existe pas : elle est onde-corpuscule, énergie-matière. Elle peut être l'un ou l'autre selon l'information transmise. On obtient ainsi la triade énergie-information-matière.

Et bim ! Ça t'en bouche un coin ! Tout n'est que potentiel, lequel se matérialise par le biais de l'information. Et qu'est-ce que ta pensée ?… De l'information !

Rebim ! Tes pensées ont un pouvoir réel sur la matière !

Et je te mets K.-O. en ajoutant que, d'après l'expérience du choix retardé de John Wheeler, la particule peut ne décider qu'à l'ultime instant de l'état d'onde ou de corpuscule qu'elle va adopter. Si l'on retarde le plus possible le contexte de l'expérience, même au dernier moment, la particule fera ce que l'on attend d'elle, prouvant ainsi que c'est bien le regard de l'observateur, ou le contexte, qui détermine son comportement[4].

Triple bim : plus tu te concentres sur quelque chose, plus ça influe sur la réalité !

Il semblerait donc que ce soit l'attention portée sur les choses, l'information consciente, qui détermine le monde qui nous entoure, qui concrétise le champ des possibles.

Cela ouvre une perspective impressionnante. Si l'attention que j'accorde au monde modifie sa réalité, se pourrait-il que j'exerce une action directe sur celui-ci ?

La pensée est une énergie, elle est l'information qui conditionne la matière, elle est un vecteur de création de réalité. En tant qu'observateurs, qu'êtres conscients, nous sommes dès lors profondément impliqués dans la conception de notre propre réalité.

Pratique

Prends un moment pour assimiler les points que nous venons d'aborder, parce que même si j'y mets de l'humour, ça modifie quand même pas mal le paradigme dans lequel tu vis.

Adonne-toi ensuite à cette expérience : observe l'incidence de tes pensées sur ce qui se produit autour de toi. Tes réflexions, c'est l'information que tu émets en continu ; l'avis que tu formules sur une chose influe sur cette chose en elle-même qui matérialise ce à quoi tu penses. Pour deux ou trois jours, chaque matin, décide de ce que tu as envie de voir ou concentre ton attention sur quelque chose qui t'est cher.

Par exemple, ton envie de posséder un camion ou ton désir de maternité, ou encore ton appétit de manger une salade...

Nourris cette pensée en toi avec force et conviction, et garde les yeux bien ouverts...

Que se passe-t-il ? Combien de camions as-tu remarqués aujourd'hui ? Combien de femmes enceintes as-tu croisées ? Combien de recettes de salades as-tu vues ? Je te laisse méditer là-dessus...

Date	**Pensées choisies**	**Observations**
21.6.20	Le camion de mes rêves	- Un spam dans ma boîte e-mail sur l'aménagement de camions. - Deux camions à vendre dans la rue.
21.6.20	Mon désir de maternité	- Des femmes enceintes à tous les coins de rue. - Une copine qui cherche a donner son « matériel » de maternité.

LE POUVOIR DE LA PENSÉE SUR LE CORPS : *le lien corps-esprit*

Pour les spiritualités orientales, la pensée est le vecteur de création de notre monde intérieur. Bouddha disait : « Nous sommes ce que nous pensons. Tout ce que nous sommes résulte de nos pensées… » Il existerait donc un lien entre le corps et l'esprit.

La triade énergie-information-matière qui régit l'Univers se résume chez l'homme à la trinité énergétique-psychique-physique.

Ton corps, comme toute la matière qui le compose, est un potentiel énergétique qui va prendre forme de telle ou telle façon en fonction de l'information, de la conscience, de la pensée.

La pensée est le produit de tes perceptions et de ton état intérieur, le fruit de l'activité de ton cerveau. Elle est un signal tantôt électrique, tantôt chimique, transmis au corps, permettant à ce dernier de s'adapter, de se composer et de se recomposer selon l'ordre du mental. Ceux de tes systèmes physiologiques qui effectuent ce travail sont le système endocrinien et le système nerveux. Ton système endocrinien, par l'intermédiaire de glandes comme l'hypophyse, va ordonner la production de diverses hormones. Le système nerveux, lui, va relayer les informations captées par les organes sensoriels vers les structures cérébrales, et inversement.

Étonnamment, dans l'énergétique indienne, qui théorise les chakras, ces centres d'énergie, carrefours des sphères physique, émotionnelle, mentale et spirituelle, on considère que les trois chakras supérieurs sont ceux de la pensée. On associe donc à la sphère du mental le chakra laryngé, le troisième œil et le coronal, chacun étant en lien avec l'une des glandes endocrines les plus importantes dans la gestion de ton organisme. Le coronal gouverne l'hypophyse ; le troisième œil, l'épiphyse et le laryngé, la thyroïde. Le chakra coronal est aussi le grand recteur du système nerveux et de l'équilibre cérébro-spinal.

L'hypophyse, située à la base du cerveau, est la glande principale du système endocrinien. Elle régule l'expression de nombreux médiateurs hormonaux qui ont pour champ d'action le métabolisme, la croissance… Certaines de ces molécules vont également stimuler ou inhiber le fonctionnement d'autres glandes.

L'épiphyse, logée au cœur du cerveau, est une toute petite glande qui contrôle en particulier les cycles de veille et de sommeil. On dit aussi qu'elle est le centre de l'intuition et de la vision subtile.

Enfin, la thyroïde, localisée dans le cou, est la grande maîtresse du métabolisme.

Ainsi, depuis des millénaires, dans les temples orientaux, on unit le corps à l'esprit et on considère l'individu comme un tout faisant partie d'un tout. Toutes les sphères de l'être sont interconnectées, et l'être lui-même est en interaction constante avec l'Univers dans sa globalité. Le concept des chakras en est un bon exemple. En effet, chaque centre est en lien avec un système physiologique, une glande endocrine, un plexus nerveux, ainsi qu'un aspect psycho-émotionnel, rien n'est dissocié au sein de l'individu. Mais en plus, les chakras captent l'énergie de l'environnement, puis la traitent et la diffusent dans le corps physique, de façon à maintenir chacun en interaction avec le milieu dans lequel il évolue.

Plus proche de nous, on peut envisager cette interaction corps-esprit par l'effet placebo. *Placebo*, en latin, veut dire « je vais plaire ». L'effet placebo est le phénomène selon lequel on guérit à partir d'une conviction. Il révèle le pouvoir de la suggestion. Intégrée avec persuasion dans le mental, celle-ci produit une réaction biochimique qui déclenche à l'intérieur du cerveau la sécrétion de substances comme les endorphines et la dopamine[5]. L'effet placebo est le résultat biochimique d'une suggestion symbolique, ou comment l'esprit ordonne au corps.

Je t'explique. On prend deux groupes de personnes atteintes de la même pathologie. À l'un, on donne une pilule de sucre en guise de traitement (le placebo), à l'autre, on prescrit une thérapeutique efficace, en assurant chaque patient de l'action positive de leur médication. En moyenne, 30 % des personnes ayant reçu le faux médicament voient leur santé s'améliorer, de manière similaire à celles ayant pris le véritable traitement. C'est l'effet placebo : le fait de croire en l'efficience du traitement induit la guérison. La pensée que l'on nourrit influe sur notre corps physique.

À l'inverse, il existe un effet *nocebo* – « je vais nuire ». C'est le phénomène par lequel l'esprit crée un symptôme physique à partir d'une suggestion. Ainsi, lorsqu'on administre une substance dépourvue de principe actif à des personnes en leur indiquant qu'il s'agit d'un médicament provoquant des effets secondaires, celles-ci développent les symptômes correspondants. Par la puissance de ton mental, tu suscites ta guérison autant que ta maladie[6].

Notons au passage que, pour qu'un médicament soit commercialisé, son action doit être supérieure à l'effet d'un placebo. La comparaison avec le placebo est indispensable pour valider l'efficacité du traitement en test. On place donc l'effet placebo et le pouvoir de la pensée comme points de référence de l'efficacité des traitements, mais ça, on oublie de le dire…

L'information que tu transmets à ton corps physique conditionne son état et son fonctionnement. C'est ce que l'on appelle la « connexion corps-esprit ». Tu es le premier territoire sur lequel agit le pouvoir de ton mental, ta simple pensée produit des réactions biochimiques réelles qui modèlent ton organisme.

Ne t'es-tu jamais senti soulagé dix minutes à peine après avoir pris une aspirine pour atténuer un mal de tête ? En si peu de temps, elle est pourtant toujours dans ton estomac et n'a pas encore pu avoir une quelconque action. C'est ton cerveau qui a fait le job…

Ton esprit, ton mental, est le commandeur de ton corps. La connexion corps-esprit est une ressource incroyable de guérison et de création. On la voit d'ailleurs à l'œuvre dans des techniques comme la sophrologie ou l'hypnose et, de plus en plus, on y a recours dans les parcours de soins.

Pratique

Tes pensées, ton mental, la somme des informations que tu émets, influent directement sur ton état d'être et plus particulièrement sur ton corps. Ce dernier a un potentiel d'auto-guérison assez incroyable, mais il est dépendant de l'état d'esprit que tu entretiens.

Lorsque tu as mal quelque part (un petit bobo, on s'entend bien, si tu es vraiment malade, tu fais comme tout le monde, tu vas chez le docteur), observe ce qui se passe selon les pensées que tu alimentes.

Exemple : tu sens un mal de tête arriver.

Option 1

Tu focalises ton attention dessus et tu envisages toutes les galères que ça implique : difficultés de concentration, douleur, sensibilité à la lumière, au bruit, etc. Et, bien entendu, n'oublie pas de te dire : « Oh ! lala ! J'ai mal à la tête ! »

Option 2

Tu visualises l'état de mieux-être, tu regardes la migraine s'envoler, tu nourris la pensée réjouissante de tout ce qui t'attend de chouette dans la journée et tu envoies l'info d'une amélioration rapide. Tu l'oublies, tu la laisses de côté.

Alors ? Il se peut que dans les deux cas ton mal de tête s'installe – nous, Occidentaux, ne sommes pas vraiment entraînés à utiliser le pouvoir de notre pensée –, mais tente de prendre la mesure du symptôme. L'aggravation est-elle la même ? Se peut-il qu'il disparaisse ?

Pratique

Bobos	Pensée	Résultat
Mal de tête	Oh, ça va être l'enfer !	Migraine de dingue
Mal de tête	J'ai juste besoin d'une pause	Ça se dissipe

LES ORIGINES DE LA PENSÉE DANS LE CŒUR : *le lien cœur-esprit*

Le lien corps-esprit n'est pas le seul que les traditions spirituelles nous donnent à entrevoir.

Dans les disciplines énergétiques, on considère sept chakras répartis de bas en haut de la colonne vertébrale. Chacun est en lien avec un corps subtil, ou corps énergétique, dont la fréquence est le miroir vibratoire d'une des sphères de l'être, physique, émotionnelle, mentale ou spirituelle, ce que conceptualisent des traditions séculaires.

Le corps mental, produit de la vibration du cerveau, est lié au chakra du cœur, siège du ressenti.

D'autre part, parmi les sept chakras, si les trois supérieurs (laryngé, troisième œil et coronal) sont attachés au monde de la pensée, ainsi que nous venons de le souligner, les trois inférieurs (racine, sacré et solaire) sont associés à celui des émotions. Le centre qui les met en relation est toujours le chakra du cœur, reliant pensée et émotion dans le sentiment.

Les spiritualités indiennes établissent donc clairement une corrélation entre le cœur et l'esprit, l'émotion et le mental.

Enfin, le cerveau et la sphère mentale sont le siège du traitement de l'information provenant des sens. Le cerveau prend en charge des millions de données à la seconde, dont seule une infime partie remonte à ta conscience. De ce fait, la majorité de ce que tu perçois est inconscient, subtil. Il te faut t'entraîner pour l'entrevoir. Or, les corps énergétiques qui sont en lien avec les chakras supérieurs, ceux de la pensée, le sont aussi avec ta dimension spirituelle. Ils te lient à tout ce qui est automatique, imperceptible, et figurent ainsi cette caractéristique de ton mental qui est qu'il fonctionne hors de ta conscience et te connecte au tout qui t'entoure.

Il apparaît une fois encore que les sciences modernes éclairent et confirment ce que les traditions spirituelles affirment depuis des millénaires.

Il existe bien une relation entre le mental et les émotions[7]. On observe que chaque expérience vécue est stockée dans la mémoire conjointement au sentiment que l'on en a. On parle de « tonalité affective » de l'expérience. C'est cette empreinte qui permet à ton cerveau, lorsqu'il doit traiter une information, de retrouver un sentiment confortable, inconfortable ou neutre, et ainsi de te diriger vers une réaction adéquate au ressenti.

Au-delà du travail de la mémoire, qui associe expérience et affect, on observe un lien puissant entre le cœur et le cerveau, entre la sphère émotionnelle et la sphère mentale. L'axe cœur-cerveau a été mis en évidence par des chercheurs de l'Institut HeartMath[8]. Il semble en effet que le cœur transmette des informations au cortex par le biais d'un système neuronal qui lui est propre. Les perceptions captées par le système sensoriel passent en premier lieu par ce centre nerveux cardiaque, qui les teinte d'une tonalité affective avant qu'elles ne soient adressées au cerveau, qui les traitera. Les sensations que tu perçois sont donc soumises au filtre émotionnel du cœur, qui s'imprime dans la mémoire, avant de devenir conscientes et de susciter une réaction. Ainsi le mental est-il intimement lié au cœur.

Pratique

Pour cette pratique, note quelques-unes des pensées qui te traversent dans le cours de ta journée et pose-toi pour en déterminer la source émotionnelle.

Par exemple, si cela te fatigue de terminer un dossier, observe comment cette pensée est attachée à une émotion – frustration, colère ou injustice – qui oriente ta perception et tes réactions.

Prends juste conscience que chacune de tes pensées porte une charge affective et que tu ne peux pas les dissocier.

DU MONDE INTÉRIEUR AU MONDE EXTÉRIEUR : *de l'intention à l'attraction*

Le pouvoir de la pensée s'exprime, pour les traditions spirituelles, aussi bien dans l'être, avec les liens corps-esprit et cœur-esprit, que dans son rapport au milieu environnant. De retour dans les temples orientaux, on y prône que nos pensées façonnent notre réalité, que nous récoltons ce que nous semons. La parole de Bouddha citée précédemment s'achève d'ailleurs en ces termes : « Avec nos pensées, nous bâtissons notre monde. » De nouveau, ce postulat spirituel peut être confirmé en laboratoire.

LE POUVOIR DE L'INTENTION

En énergétique, on considère donc que nous sommes faits d'un corps physique et de différents corps énergétiques, ou subtils. Les vibrations émanant du corps physique, en s'agrégeant, donnent naissance au corps éthérique, celles provenant du cœur forment de manière analogue le corps émotionnel et celles produites par le cerveau génèrent le corps mental. Enfin, de la vibration de ta conscience supérieure, de ton moi divin, de ton âme, appelle cela comme tu le veux, émerge ton corps spirituel. Les corps énergétiques sont les miroirs vibratoires de ta réalité organique, ils se créent grâce au phénomène de résonance, la loi physique selon laquelle les vibrations de même nature et de même densité se regroupent (c'est ce qui fait que, dans un arc-en-ciel, les nuances de bleu ou de jaune, par exemple, sont côte à côte). Les vibrations de type émotions s'assemblent, tout comme celles de type pensées, etc.

Les vibrations de ton cœur et de ton cerveau sont des champs électromagnétiques que l'on peut mesurer. Ce sont les Russes qui ont le plus étudié ces champs vibratoires[9]. D'ailleurs, lorsque c'est nécessaire, tu passes un électroencéphalogramme ou un électrocardiogramme, qui sont des techniques qui permettent de détecter les champs électromagnétiques cérébral et cardiaque. Il semble, toujours d'après les recherches de l'Institut HeartMath, que le champ vibratoire de ton cœur (de tes émotions) comme celui de ton cerveau (de tes pensées) soient dépendants de ce que tu génères dans ces sphères de ton être, respectivement de ce que tu ressens et de ce que tu penses.

Ta pensée, ton mental, émet donc une vibration qui se propage autour de toi.

En conséquence, de par leur nature vibratoire, tes pensées te placent en interaction constante avec ton environnement. Mais se peut-il que ce champ vibratoire influe sur la matière avec laquelle il entre en contact ?

Plusieurs équipes de chercheurs se sont penchées sur le pouvoir exercé par l'esprit humain sur la matière. Il existe aujourd'hui un grand nombre de publications qui explorent cette relation si singulière.

L'une des plus célèbres est celle menée sous la direction de Masaru Emoto, au Japon, qui a mis en lumière le pouvoir de l'intention sur l'eau[10]. L'intention que tu émets consciemment est l'alliance d'une pensée et d'une charge émotionnelle, c'est une pensée consciente dont la vibration est cohérente dans le cœur et l'esprit.

Bien que décriées par une partie du cortège scientifique, ces découvertes sont tout de même intéressantes. On prend deux échantillons d'eau. Au premier, on dit des mots d'amour ; au second, des mots de haine. Après congélation, on observe la façon dont chacun d'eux s'est cristallisé. Tandis que l'échantillon aimé a conservé une belle structure, voire s'est complexifié, l'échantillon haï, lui, a perdu toute organisation. On a également mené l'expérience sur de l'eau polluée provenant du lac du barrage de Fujiwara, avant et après la prière de moines. S'il s'avère que la pensée a le pouvoir de modifier la structure des cristaux d'eau, qu'en est-il sur l'être humain, composé de près de 60 % d'eau ?...

Je t'aime

Fujiwara avant prière

Je vais te tuer

Fujiwara après prière

Ces travaux conduisent à estimer que l'énergie du mental est porteuse d'une information qui se transmet à la matière pour en modifier le comportement. La matière, cet amas de vibrations, cette somme de potentiels, émet un champ qui interagit avec le champ informationnel de la pensée qui lui est adressée, et s'organise en fonction. Cela vaut pour ton corps physique comme pour le monde environnant. Ce qui est dehors est comme ce qui est dedans. L'intention émise par la pensée est créatrice de réalité.

Pratique

Tu peux, si tu le souhaites, faire l'expérience des pots de riz.

Tu cuis du riz le plus simplement du monde. Tu divises ton tas de riz en deux.

Tu places une moitié dans un pot fermé hermétiquement, sur lequel tu écris : « Je t'aime. »

Tu fais de même avec le reste du riz, en inscrivant cette fois sur le récipient : « Je te hais. »

Tu espaces les deux contenants d'au moins deux mètres cinquante.

Chaque jour, durant cinq minutes, tu transmets des intentions d'amour ou de haine (en fonction de leurs étiquettes) à chacun d'eux, et ce, pendant vint et un jours.

Au bout de ce laps de temps, tu observes le degré de moisissure dans l'un et l'autre pot…

LA LOI DE L'ATTRACTION

Le pouvoir de l'intention est ainsi un pouvoir de création de ton monde intérieur autant que de ton monde extérieur. Mais il est également un pouvoir d'attraction. Par ta pensée, non seulement tu génères une vibration, mais tu attires à toi ce qui est en corrélation avec cette vibration.

Les corps énergétiques dont nous avons parlé s'assemblent grâce au phénomène de résonance que nous voyons partout et tout le temps autour de nous : les vibrations émanant de tes cellules confluent dans le corps éthérique ; les vibrations issues de tes émotions donnent lieu au corps émotionnel ; les vibrations provenant de tes pensées s'unissent dans le corps mental, et ainsi de suite... De la pensée consciente à la pensée inconsciente, de la vibration du corps à celle du cœur, tout en nous est vibration. En vertu de la loi de la résonance, tu es donc bien un créateur et un aimant. Tu récoltes ce que tu sèmes, et tu sèmes ce que tu vibres.

En vibrant, tes pensées conscientes ou inconscientes mettent en mouvement ce qui leur est analogue. Ainsi, cela te devient perceptible. Si tu présumes que tu n'y arriveras jamais, tu vas probablement rencontrer des embûches qui te confirmeront dans cette idée... L'Univers est finalement assez simple, il fonctionne sur un mode binaire (0 ou 1) : tu vibres « peur », tu récoltes « peur ». Alors, le travail sur tes pensées est juste incroyablement puissant, car il te permet de modeler ta réalité. Certes, ta capacité d'attraction dépend de ce que tu vibres, mais pour cela, tu dois être conscient de ce que tu vibres, et cela relève d'une profonde honnêteté et d'une extrême bienveillance envers toi-même. Si, par exemple, dans ta pensée consciente, tu cherches à créer plus d'abondance, mais qu'une part de ton mental en a une opinion limitative, qu'elle juge que l'argent pervertit, eh bien, tu vibreras des informations contradictoires, et ton pouvoir d'attraction sera annihilé. Pour mettre en œuvre le pouvoir d'attraction de ton mental, tu dois agir avec sincérité et conscience, faire preuve de cohérence. La vibration que tu génères doit être harmonieuse. Il est primordial que tu envoies à ton cerveau un signal aligné et, pour cela, que tu passes par une petite introspection, histoire que tout ton être soit sur la même longueur d'onde.

S'il advenait que tu ne parviennes pas à concrétiser dans ta vie ce que tu veux consciemment, il est probable qu'inconsciemment quelque chose demande à être entendu, qu'il y a une pensée, une croyance, quelque part, qui interfère avec le message conscient. La loi de l'attraction, en tant que principe physique, est implacable : le pouvoir d'attraction de ton mental réside dans l'alignement du conscient et de l'inconscient. Et tu dois non seulement être vigilant à l'harmonie de ce que tu vibres, mais aussi poser des actions dans le concret, dans la matière… Il n'y a pas de baguette magique, désolée…

La réalité énergétique et informationnelle de ton mental façonne ton monde intérieur et ton monde extérieur. Ce monde existe parce que tu le penses et comme tu le penses…

En France, ces investigations sont qualifiées de « pseudo-science » et fortement décriées. On les assimile encore trop souvent à de la parapsychologie, et on réduit ce pendant de la recherche scientifique au rang de foutaise. Néanmoins, la conscience humaine et l'énergétique sont devenues de véritables champs d'étude pour nombre de nations, où se multiplient les sections de recherche psychophysique visant à étudier très sérieusement ces phénomènes, et ce, depuis plusieurs décennies. Si cela t'intéresse, tu peux te pencher sur l'activité de l'Institut HeartMath, aux États-Unis, ou consulter les travaux de scientifiques comme Rupert Sheldrake, Gregg Braden, Joe Dispenza ou Bruce Lipton[II].

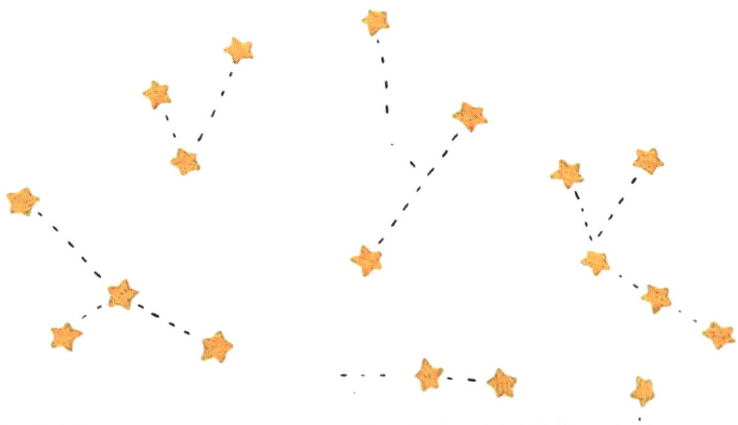

Pratique

Pour cette pratique, je t'invite à faire le point sur ce que tu souhaites créer dans ta vie et à faire un petit tour d'horizon de ton degré de cohérence avec ça.

1. Dresse une liste de ce que tu aspires à réaliser dans ta vie.

Exemple : plus d'abondance, une relation amoureuse stable, une activité professionnelle épanouissante…

2. Pose-toi un moment et passe en revue les pensées que tu nourris à ce sujet, les croyances que tu as, les souvenirs…

Exemple : « Je travaille déjà comme une dingue, je ne vois pas comment faire plus », « je ne trouverai jamais un mec qui me convienne »…

3. Creuse un peu. D'où viennent tes croyances : de tes parents, de ta famille, de ton entourage, de la société, de ton expérience ? Quelles sont celles qui te sont transmises à ces sujets ? Se peut-il que certaines soient imprimées dans ta cervelle et agissent en arrière-plan ?

4. Quelles actions poses-tu concrètement ?

Désir de création	**Croyances**	**Origine des croyances**	**Actions**
Relation amoureuse	Ça finit toujours mal	Mon expérience	Aucune ou sans y croire
Abondance	Il faut travailler très dur	Ma famille	*A minima*, effrayé par l'ampleur de la tâche

Alors, où en es-tu vis-à-vis de la cohérence et de l'honnêteté envers toi-même et ce que tu veux établir ?

TON MONDE EXTÉRIEUR *à l'image de ton monde intérieur*

Ton mental a pour siège l'organe qui émet et qui gère toute la sphère de tes pensées : le cerveau. C'est la raison pour laquelle il est l'outil de création et d'attraction le plus puissant dont tu disposes. Certes, tes structures cérébrales sont connectées à ton état intérieur et exercent une influence sur ton environnement, mais c'est en leur sein que sont traités et interprétés les signaux résultant de ta perception sensitive, pour donner lieu à une information consciente. C'est ainsi que tu perçois et que tu penses le monde. Tantôt tes pensées sont la conséquence de tes perceptions, tantôt elles les conditionnent, car ton mental génère aussi une image de la réalité à partir des souvenirs que tu emmagasines. Ton monde extérieur est donc simultanément le produit de l'interprétation de tes ressentis et le produit de ta mémoire.

Laissons cette fois William Blake nous guider : « Si les fenêtres de la perception étaient nettoyées, chaque chose apparaîtrait à l'homme telle qu'elle est, infinie[12]. » Essayons d'y voir clair…

L'INFLUENCE DE L'EXPÉRIENCE

Ce qui te permet d'une part d'ajuster ta position physique et subjective à ce que tu connais du monde extérieur et, de l'autre, d'être à l'écoute de ton état intérieur (confort ou inconfort) face à ces impressions, c'est ton système sensoriel. En un mot : ce que le système sensoriel perçoit, le cerveau l'interprète. L'ensemble du système sensoriel occupe d'ailleurs la majorité du cerveau[13].

Des milliers de capteurs sont affectés à nos cinq sens, la vue, l'odorat, l'ouïe, le toucher et le goût. Entrent également dans ce champ la proprioception (la faculté de savoir où sont les parties de notre corps quand on a les yeux fermés), la thermoception (la perception de la température), la nociception (la perception des stimulations génératrices de douleur) et l'équilibrioception (le sens de l'équilibre).

Eh bien voilà, tu viens de gagner quatre sens !

Une fois que tu as capté un signal, il doit être transmis rapido au cerveau. Ce sont les voies nerveuses qui s'en chargent, autrement dit des milliards de neurones reliés entre eux par des synapses – une espèce de toile d'araignée géante qui parcourt ton corps. Ces points de jonction véhiculent l'information sous forme d'un potentiel électrique ou de molécules chimiques (les neurotransmetteurs).

Plus une connexion neuronale est sollicitée, plus elle se renforce[14]. Tes capacités de perception et de propagation de l'information sont donc conditionnées par ton expérience. Eh oui, plus tu fais quelque chose, plus tu sais le faire ! Le cerveau se configure en fonction des connexions les plus actives, c'est ainsi que nous développons des sensibilités davantage visuelles ou auditives, etc. À force de percevoir, tu perçois de mieux en mieux.

Dernière étape : le traitement de l'information par le cerveau, qui va déterminer ce que tu en penses et quelle sera ta réaction. Le message nerveux est décodé selon trois critères[15].

★ Le sens dont il provient : chacun a ses propres aires de traitement, dans lesquelles l'information est comparée en premier lieu à la base de données de la mémoire, à ce qui est connu.

★ Son intensité : la perception de l'intensité d'un signal est subjective, elle varie d'une personne à l'autre. Ça, tu t'en aperçois facilement quand ton voisin met de la musique…

★ Sa durée : la perception de la persistance d'un stimulus dépend de ce que l'on appelle l'« habituation ». Plus celui-ci est familier, plus le cerveau sera apte à le traiter rapidement. Plus ça va, plus tu identifies vite d'où vient la musique…

Une fois ces paramètres analysés, le cortex fait appel aux principes de modulation et de discrimination pour catégoriser l'information[16].

★ La modulation permet de focaliser son attention sur ce qui est important. Elle élimine les informations sensorielles non pertinentes en les filtrant et en les sélectionnant. Elle met en veille les perceptions que le cerveau ne juge pas nécessaires… Tu peux t'en rendre compte avec les bruits urbains ambiants : tu perçois un brouhaha qui t'assourdissait les premiers temps, mais auquel tu as fini par t'habituer. Il peut cependant te remonter violemment en mémoire quand tu reviens de vacances à la campagne…

★ La discrimination, elle, est la capacité de distinguer différents stimuli et d'interpréter leurs caractéristiques. Le cerveau regroupe les informations en fonction de ce qui est similaire, récurrent, unique, etc. Si l'on reprend la rumeur de la ville, il crée des catégories : les moteurs, les sirènes, les voix, et ainsi de suite.

Bien qu'efficace, ce système occulte partiellement ce qui est capté. Ton cerveau opère automatiquement un tri sans que tu ne le remarques, et ne ramène à ta conscience que ce à quoi il est habitué et qu'il estime essentiel. Ce que tu perçois de l'environnement, la construction que tu en fais, dépendent donc de ton histoire, de tes habitudes et de l'attention que tu portes aux choses. Une bonne partie du monde qui t'entoure peut ainsi passer à l'arrière-plan, tu ne pourras le voir que si tu forces ton attention.

Pratique

Afin que tu comprennes bien comment ton mental est conditionné par ton cerveau et l'interprétation qu'il fait des perceptions, je t'invite pour une journée à te mettre pleinement dans un état de présence et d'écoute.

Pour cela, tu peux par moments utiliser l'exercice de la lenteur. Mets-toi à faire les choses extrêmement lentement en portant ton attention sur chaque perception et chaque sensation, tous les détails qui sont occultés d'ordinaire.

Depuis le bruit des arbres jusqu'à l'intensité du vrombissement des moteurs, reprends conscience des bruits domestiques…

D'un autre côté, prends la mesure de tout ce que tu perçois en premier, les rires des enfants, le son de ton portable…

Aie à l'esprit les habitudes de tri de l'information qui se sont installées dans tes pensées.

Si tu veux travailler sur ton mental, il te faudra redevenir conscient de son fonctionnement et redevenir conscient tout court. Une part du monde t'échappe, ramène celui-ci à ta conscience.

LE TRAVAIL DE LA MÉMOIRE

Tu commences à le comprendre, ton mental fait bien ce qu'il veut. Et c'est pire que ce que tu peux imaginer, car ta perception du monde est en quelque sorte un simulateur. Tu vis dans la matrice que tu essaies de hacker. Descendons un peu plus dans le terrier du lapin blanc, avec pour lampe torche la connaissance…

Le cerveau traite 400 000 millions de bytes de données à la seconde. Nous ne sommes conscients que de 2 000 bytes[17]. Ça ne fait pas des masses… Tu penses bel et bien à des milliards de choses en même temps, mais tu ne t'en rends pas compte. Le peu d'informations que tu discernes sont concentrées sur le corps, l'environnement, le temps. La majorité de ta perception du monde est inconsciente, automatisée et conditionnée. Oui, je sais, c'est déprimant…

La réalité dépend donc de chacun, de ses sens, du réseau neuronal développé dans son cerveau et de son positionnement par rapport au monde. Nous sélectionnons ce que nous percevons. Nous organisons, structurons et donnons du sens à ces signaux en fonction de ce qui nous intéresse, de ce qui nous attire, de ce qui nous est familier. Nous percevons ce à quoi nous sommes attentifs, ce à quoi nous sommes habitués…

Le cerveau ne nous donne à voir que ce qu'il reconnaît, que ce qu'il considère comme possible. Ce que l'on voit à l'extérieur est fabriqué à l'intérieur. D'ailleurs, peut-être bien que les elfes existent, c'est juste que le cerveau les zappe, parce qu'il ne les identifie pas…

Lorsque des éléments manquent à la perception, le cerveau compense en recomposant l'image à partir des données dont il dispose grâce aux perceptions et à la mémoire (implicite et explicite)[18]. Par exemple, ta vision périphérique, ce que le système cérébral capte de ce qui se passe sur les côtés quand tu regardes devant toi, est trop imprécise. La réalité est alors reconstituée « virtuellement » avec ce qu'il a en stock. Il fait le va-et-vient et simule le monde à la manière d'une matrice, à partir du filtre de la subjectivité.

Le cerveau ne fait donc pas vraiment la différence entre ce qui se passe à l'intérieur et à l'extérieur, entre ce qui est réel et imaginaire, entre ce qu'il voit et ce dont il se souvient.

Or, ta mémoire est à 100 % subjective : elle est empreinte d'affects, de sensations agréables, désagréables ou neutres ressenties au moment de la perception, qui déforment l'interprétation effectuée par le cerveau lorsqu'il pioche dans ces représentations.

Ta perception de la réalité est pleinement tributaire de ce que tu es. Ta conscience du monde est le reflet de ton expérience et de ton ressenti émotionnel face à lui. Elle est conditionnée par tes capacités, elles-mêmes déterminées par ce à quoi tu as été exposé, mais aussi par tes croyances, par ce que tu penses possible ou pas, ce que tu aimes ou pas, etc. Ta réalité extérieure est construite à partir de ton monde intérieur. Ton monde extérieur est à l'image de ton monde intérieur.

Pratique

Pour cette pratique : vide-dressing, vide-bibliothèque, vide-discothèque, comme tu veux. Je t'invite à ouvrir les portes de ton armoire, à te coller devant ta bibliothèque et à sortir de là tout ce que tu n'aimes plus – vêtements, livres, CD... Fais-en une pile au milieu de ton salon.

Ayé, tu as mis le foutoir : fin de l'exercice... Non, ce n'est que le début !

Pour chaque objet que tu as sélectionné, je te demande de considérer la charge affective qu'il porte.

Cette petite robe, pourquoi tu ne l'apprécies plus ? Vraiment, ne te va-t-elle plus ? Ça arrive, moi aussi je garde des affaires dans lesquelles je n'entrerai probablement plus jamais. Ou bien te rappelle-t-elle une occasion particulière ?

Ce CD, pourquoi souhaites-tu t'en défaire ? Était-ce une erreur à l'achat ? Ne te mens pas, on en a tous sur nos étagères... Ou bien est-il en lien avec une période de ta vie, une relation ?

Et ce livre, était-il vraiment sans intérêt ? Là, je ne dis rien, celui-là pourrait bien finir dans le tas ! Ou bien t'a-t-il ramené à des expériences vécues et cela t'a-t-il dérangé ?

J'aimerais, par cet exercice, que tu prennes conscience de la manière dont ton mental choisit de t'orienter ou pas vers telle ou telle chose en fonction de ce que tu y associes.

Tu viens de faire le test pour ce que tu n'aimes plus, mais tu peux aussi le renouveler pour ce dont tu raffoles.

En résumé

★ L'Univers est régi par la triade énergie-information-matière, tout ce qui existe est un potentiel énergique qui devient matière sous l'effet de l'information qui lui est transmise.

★ Chez l'homme, la triade devient énergétique-psychique-physique. La conscience, l'attention que tu portes sur les choses, influent sur le comportement de l'énergie autour de toi. La conscience représente l'information qui fait passer le potentiel énergétique à la matière, à la réalité physique.

★ On observe un lien corps-esprit, l'esprit et les pensées que nous alimentons agissent sur le corps dans le sens du mieux-être ou du mal-être.

★ L'esprit et le cœur sont liés. Chaque pensée est associée dans le cerveau à la tonalité affective qui lui correspond. Le lien cœur-cerveau s'exprime dans ton potentiel énergétique ainsi que dans la construction de ton mode de pensée et de ton rapport au monde.

★ Ta pensée est une énergie et une réalité biochimique qui interagit avec ton corps physique. Elle participe au développement de ton potentiel ou au contraire à son inhibition. Ton mental crée ton monde intérieur.

★ Ton mental et ton intention ont une influence sur la matière autour de toi. Tes pensées, par leur charge énergétique, peuvent modifier la réalité qui t'est extérieure.

★ Ton mental génère un champ d'énergie dans lequel réside ton pouvoir d'attraction. Par le principe de résonance, on peut dire que tu récoltes ce que tu sèmes et tu sèmes ce que tu vibres. Toutes les pensées vibrent, les conscientes comme les inconscientes. Ton pouvoir d'attraction réside dans la cohérence entre ces signaux et donc dans l'honnêteté envers toi-même et ta vie intérieure. Ton mental crée ton monde extérieur.

★ Ton mental a pour siège le cerveau. La plupart de tes pensées sont relatives à tes perceptions, elles te permettent de capter ton environnement et de t'y positionner.

Ton cerveau développe ces capacités de perception et de traitement de l'information à partir de l'expérience. Plus tu stimules un sens, plus tu instaureras les connexions qui te permettront de traiter l'information. Ta capacité de perception du monde extérieur est conditionnée par ce que tu expérimentes. Ton monde extérieur se crée à l'intérieur.

★ Ton cerveau traite l'information en fonction de ces capacités issues de l'expérience et de ce qui lui semble important. Il fait un tri automatique dans tes perceptions et ne donne à voir qu'une version parcellaire des éléments qu'il reçoit. Ta perception du monde extérieur se fabrique à partir de ton monde intérieur.

★ Le cerveau ne nous donne à voir que ce qu'il connaît déjà. Lorsqu'il lui manque des données pour recomposer l'image du réel, il pioche dans la mémoire, créant ainsi une image « virtuelle » de la réalité. Or la mémoire est colorée d'une tonalité affective : chaque expérience y est stockée avec un ressenti précis. En recomposant le présent à partir de la base de données mémorielle, le mental teinte le présent du passé. Notre perception de la réalité devient dès lors tributaire de notre expérience et de notre histoire. Ton monde extérieur est à l'image de ton monde intérieur.

En cherchant à hacker ton mental, tu t'attaques à une matrice complexe et vieille de plusieurs millénaires d'évolution, dont nous commençons tout juste à percevoir le champ d'influence. Savoir que ta pensée conditionne ta réalité et qu'elle est elle-même conditionnée par tes facultés perceptives et ton histoire pose la question de la nature de la réalité. La réponse ne nous parviendra probablement pas avant quelques siècles, l'enjeu pour nous, hommes modernes, est donc à mes yeux simplement d'être dans la conscience. La vérité est une notion subjective, il n'en est aucune qui soit universelle. Cette conscience te permet d'ouvrir la voie de la connaissance et de commencer à bâtir une réalité hors de tes automatismes. Par l'apprentissage, tu peux retrouver la présence à toi-même et la capacité de choisir.

Apprendre : le code, le langage

Le système global sur lequel influe ton mental est infiniment vaste. Depuis ton corps à l'univers qui t'entoure, tes pensées ont un pouvoir de création et d'attraction qui, par certains côtés, dépasse l'entendement. On dit qu'au commencement était le Verbe ; en effet, tu conceptualises le monde par le langage ; c'est grâce aux mots que tu élabores ta pensée.

La pensée et ton mental ne constituent donc pas seulement un code qui te signifie des choses, ils sont le code. Tu penses ce qui t'est extérieur et tu te penses toi-même.

Le langage de ton mental est ce qui va conditionner ta perception du monde et tes actions dans celui-ci, tes actions fonderont ta réalité. Les pensées qui se créeront sur le résultat de ces actions deviendront tes croyances, qu'elles soient aidantes ou limitantes.

DE LA PENSÉE
à la destinée

Ton mental est interconnecté à ta sphère émotionnelle. Travailler sur ton mental va inévitablement t'amener, à un moment ou à un autre, à explorer tes ressentis. On ne peut pas dissocier les choses : tu es constitué d'une multitude de systèmes dans un système et, si tu veux hacker la matrice, tu dois la considérer dans son ensemble.

Tes pensées sont le langage de ton histoire et de ton expérience, elles te parlent de toi. Sonder tes pensées, c'est remonter le fil de ton histoire et accepter ce parcours qui t'est propre comme le terreau fertile à partir duquel tu vas pouvoir créer ta réalité.

Ton mental te maintient en vie. Même si certains de ses programmes sont restrictifs, ils ont pour seul et unique but ta survie en toute circonstance. Ce n'est que par la connaissance et l'apprentissage que tu pourras remodeler le système à ton image.

Le mot par lequel tu conceptualises le monde, et la pensée que tu émets sont les points de départ. Ils sont le socle et l'impulsion de tes actions, et ces actions, qui forgent ton présent, composeront bientôt ton passé et détermineront ton futur ; elles aussi, tu les penseras, et le tout s'alimentera pour créer ton destin. Le romancier William Makepeace Thackeray l'a fort bien exprimé :

> "Sème une pensée et tu récolteras une action,
> Sème une action et tu récolteras une habitude,
> Sème une habitude et tu récolteras un caractère,
> Sème un caractère et tu récolteras une destinée."

Le pouvoir de ton mental est celui de tracer ta destinée.

SÈME UNE PENSÉE ET TU RÉCOLTERAS UNE ACTION

Ton mental est avant tout le moteur, la cause de l'action. La pensée qu'il construit, véritable interface entre tes perceptions et la réalité, te permet d'interpréter ton environnement mais aussi ton état intérieur, et ainsi d'agir dans le monde à partir de ce que tu es. D'autre part, il est conditionné par le matériau dont tu es fait, ton histoire, tes capacités, etc. Ainsi, tes pensées sont causes et conséquences de tes actions.

Il est intéressant d'essayer de retracer de quelle façon ton expérience t'a convaincu que tu étais capable ou non de réaliser telle ou telle chose. Comment ta vision de toi-même et de l'extérieur s'est établie sur ce que tu as vécu, mais également sur ce que l'on t'a inculqué.

Nous avons appris à penser le monde à l'école et en famille, certaines de tes pensées ne sont pas à toi, certaines choses que tu tiens pour acquises ne sont que l'héritage de ton éducation ou des informations transmises par la société dans laquelle tu évolues. Elles sont dès le départ le produit de nombreux paramètres dont tu n'as probablement pas complètement conscience. Demande-toi si la pensée qui motive ton action est tienne, si elle ne relève que de ton libre arbitre. D'un autre côté, puisque tes pensées sont relatives à ton expérience, il se peut que certaines parlent de toi, te révèlent tes blessures, tes manques, tes doutes.

SÈME UNE ACTION ET TU RÉCOLTERAS UNE HABITUDE

Tes actions sont la phrase avec laquelle tu composes ta réalité, le produit, la réalisation de tes pensées. Certaines d'entre elles sont connectées à ta subjectivité, aux émotions que tu as ressenties face à diverses expériences.

En soi, une expérience n'est ni bonne ni mauvaise, elle est simplement vécue comme positive ou négative et catégorisée selon sa tonalité affective, en fonction du résultat des actions que tu as menées pour y répondre. De ce fait, tu iras ou non de nouveau vers elle, ton mental t'y incitera ou t'en dissuadera.

L'être dans son entier cherche la sécurité et le confort, en aucun cas ton mental ne te mettrait dans des situations ou des postures où tu risquerais l'inconfort ou le danger. Ainsi, tu réitéreras naturellement ce qui est source de satisfaction et tu t'éloigneras tout aussi naturellement de ce qui te semble imprudent.

D'un autre point de vue, en fonction de ce que tu auras vécu, tu développeras une plus forte appréhension de la souffrance. Tu vibreras cette peur autant que la satisfaction de l'éviter. Ainsi, il se peut que tu continues de favoriser des expériences douloureuses juste parce que cette crainte fait partie de ton mode de pensée. Il se peut également que tu répètes des expériences « toxiques », car elles sont devenues ta zone de sécurité et présentent un bénéfice secondaire.

Tu prendras l'habitude des choses qui te procurent un sentiment de bien-être autant que tu t'accoutumeras à fuir l'inconfort. Tu prendras l'habitude de toutes les actions qui te préservent, même si celles-ci sont déplaisantes. Pour ton mental, c'est toujours mieux que l'inconnu.

Hacker ton mental reviendra à rompre avec l'habitude d'être toi, à écouter et à comprendre les causes et les conséquences de tes actions pour les mener en conscience à partir d'un choix sincère et honnête.

SÈME UNE HABITUDE ET TU RÉCOLTERAS UN CARACTÈRE

Tes habitudes composent ton caractère. Elles sont la façon dont tu écris ta vie. Plus tu fais quelque chose, plus tu développes les capacités pour cela, tu développes une expertise, quelle que soit l'action en question. Tu crées non seulement les capacités, psychologiques et cognitives mais aussi dans certains cas physiques. Tu concentres tes ressources et ton potentiel à un endroit. Cela peut être positif mais ça atrophie en quelque sorte le reste de ton potentiel.

C'est comme si tu passais des mois à muscler ton pouce au détriment des autres doigts. Tu ne deviens pas dépossédé de tes autres doigts ou incapable de les utiliser, simplement ils sont atrophiés et tu ne sais plus comment t'en servir, tu as perdu la connaissance nécessaire pour les utiliser.

C'est la même chose avec tes capacités mentales, lorsque tu développes une aptitude pour quelque chose, tu ne deviens pas moins capable de faire autre chose, tu as juste endormi ton potentiel et, tout naturellement, tu iras vers ce que tu sais faire. Tu chercheras la garantie de la réussite et de la sécurité. Logique. Ainsi, tu passes d'une habitude à un caractère, le choix de tes actions se détermine par les capacités en présence et tu iras vers ta zone de confort. Tes habitudes forgent ton caractère.

SÈME UN CARACTÈRE ET TU RÉCOLTERAS UNE DESTINÉE

Ton caractère, c'est ce qui définit ce que tu accepteras d'écrire ou pas, ce dont tu te croiras capable ou pas. C'est ce qui composera ton histoire et qui appellera le prochain chapitre. À force de faire et de refaire, ton expertise sera très grande, mais tu auras mis de côté une bonne partie de ton potentiel, tu auras surdéveloppé certaines aptitudes au détriment d'autres. Et rappelle-toi la qualité vibratoire de la pensée et de ton mental : si tu vibres en permanence une fréquence donnée, tu n'attireras plus que ce qui est corrélé à cette vibration. Tu récoltes ce que tu sèmes : si tu sèmes toujours la même chose, le champ de tes possibles, la toile de ta réalité sera monochrome, pleine mais monochrome.

En fonction de la nature de l'habitude que tu auras prise et de ta relation avec elle (satisfaction, insatisfaction, etc.), tu seras plus ou moins heureux de ton chemin. Pour reprendre en main ta destinée, il te faudra faire le chemin inverse – comprendre ce qui compose ton caractère, tes habitudes, pourquoi tu les as prises, car ce n'est pas par hasard, et c'est là que tu devras être bienveillant envers toi-même. Tes pensées, ton mental sont liés à tes émotions, à ton cœur, ils en portent la charge. Tu n'établis pas des habitudes et des croyances pour le plaisir, mais pour rester en vie. Enfin, tu devras agir dans le sens choisi, à partir du terreau neuf de la conscience et de la connaissance, pour générer des habitudes plus congruentes et plus justes pour celui ou celle que tu es maintenant.

Pratique

Prends un peu de recul sur celui ou celle que tu es actuellement et travaille le dicton à l'envers. Demande-toi quels sont tes traits de caractère les plus importants, et remonte le fil : quelles sont les habitudes, les actions, les pensées qui ont nourri ce tempérament ?

Identifie les pensées d'origine, soit celles que l'on t'a transmises, soit celles que tu as acquises, observe comment ton caractère s'est construit en même temps que ton mode de pensée et tes expériences.

Caractère	**Habitudes**	**Actions**	**Pensée**
Généreuse	Être disponible pour les autres	Donner de l'affection aux autres	Donner de l'affection = satisfaction d'en recevoir
Colérique	Être dans la lutte perpétuelle	M'irriter facilement	Obtenir ce dont j'ai besoin = me mettre en colère

Maintenant, attache-toi à la fin du dicton, prête attention à la manière dont ton caractère est en train de modeler ton destin.

Besoin	**Destin**
Généreuse	État de satisfaction global, équilibre entre donner et recevoir, facilité à obtenir ce dont j'ai besoin.
Colérique	État de lutte constant, sensation de devoir se battre, difficulté à obtenir tout ce dont j'ai besoin.

LE LANGAGE *de la sécurité*

Ton mental est le mal et le remède, le virus et l'antivirus. Véritable créateur en puissance, il est surtout et avant tout le garant de ta sécurité. Bien que son champ d'action s'étende de ton monde intérieur à ton monde extérieur, le principal de son activité est centré sur toi. Des millénaires d'évolution nous ont amenés à faire progresser le cerveau, siège du mental, vers un outil surpuissant en matière de préservation de l'individu. Afin d'utiliser le pouvoir de création qui réside dans tes pensées, tu dois avoir bien conscience de la manière dont ton cerveau fonctionne et du fait que certains de ses processus sont hors de ton contrôle.

Ton cerveau se compose de différentes parties. D'abord le tronc cérébral, responsable de tous les comportements de survie, puis le cerveau limbique, qui pilote la sphère émotionnelle, et enfin le néocortex, centre de la compréhension logique et de la raison. Le langage premier de ce système, et le plus ancré, est d'assurer ton intégrité physique et psychologique. Pour cela, il a mis au point des techniques complexes et automatiques que l'on qualifie de « stratégies de survie » – c'est son programme par défaut. Effectivement, ce n'est que lorsque tu es en sécurité que tu peux envisager des besoins plus élaborés. Ainsi, ton mental a développé trois pare-feu pour te maintenir en vie.

CRÉER DES SÉPARATIONS

Pour te positionner dans le monde, il est primordial que tu le perçoives comme distinct de toi. La capacité de créer des séparations est donc essentielle : elle nous a permis de survivre dans des milieux hostiles, d'apprendre et de transmettre. Elle te pousse à focaliser ton attention à l'endroit juste, afin de saisir les opportunités, d'éviter les dangers et d'identifier les sources de déséquilibre. C'est la stratégie de survie qui conditionne les suivantes. Cependant, ta nature même d'être énergétique et interconnecté, à ton environnement mais aussi à autrui, rend cette stratégie un tantinet irréaliste, puisqu'elle oblige ton cerveau à gérer la contradiction en permanence.

Le corps métabolise l'énergie environnante pour vivre. Il est nécessairement connecté au monde. Tu respires l'air qui t'entoure…

Le langage et la culture façonnent le cerveau. Le monde nous pénètre, influe sur nous, et inversement. Depuis nos perceptions sensorielles jusqu'aux notions d'éducation et de culture, il participe à notre construction comme nous participons à la sienne.

Dans l'esprit, il n'y a aucune frontière : les sensations créent des pensées qui mènent à des actions, lesquelles engendrent de nouvelles sensations, et ainsi de suite. C'est une cascade de réactions en chaîne. Rien n'est séparé, tout est interdépendant.

Notre esprit est modelé par un nombre incalculable de facteurs. Nous faisons partie du monde et le monde fait partie de nous. Mais avouons-le, pour survivre, il est nécessaire de maintenir l'illusion de la séparation.

Le cerveau est continuellement soumis à l'incompatibilité latente entre la nature interconnectée de l'homme et de l'Univers, l'unité propre au vivant et l'impératif d'une dissociation.

Ce programme par défaut implique un état d'alerte constant, qui est source de stress. Et donc, parfois, tu bugges… Tu as besoin de te sentir détaché du monde, et ton mental t'y incite, mais tu peux aussi vivre dans la conscience de cette illusion et entretenir le sentiment d'unité en sollicitant le ressenti, par exemple…

Pratique

Le temps d'une journée, place toute ton attention dans tes ressentis, depuis l'heure de ton lever, en passant par ton trajet dans les transports, jusqu'au soir. Ramène-les à la conscience : la sensation de ton corps au réveil, l'odeur du café qui te pénètre et te fait saliver, le contact de ta chaise au bureau, les impressions physiques et émotionnelles que te procurent la présence de tes collègues, tes propres réactions ou ta connexion à l'environnement.

Observe comment ton interaction constante avec autrui et avec ton milieu te conduit à ressentir un millier de choses tous les jours.

Connecte-toi régulièrement à ce ressenti et prends doucement conscience que tu fais partie du monde et que le monde fait partie de toi.

MAINTENIR LA STABILITÉ ET L'ÉQUILIBRE DES SYSTÈMES

Tu vis et tu évolues dans un univers instable et tu produis du déséquilibre en permanence en mangeant, en marchant, en respirant... Ce serait beaucoup plus simple si tu ne bougeais pas, mais non, tes perceptions sont continuelles et tout change sans arrêt.

Chacun des systèmes dont tu es constitué doit répondre à deux besoins contradictoires :

- Être ouvert aux interactions avec le monde environnant pour pouvoir s'y adapter ;

- Demeurer stable en restant centré sur un point de réglage.

Pas évidente, la mission ! Pour y parvenir, des capteurs enregistrent à chaque instant l'état des systèmes corporels. En cas d'instabilité, ils envoient des signaux d'alerte au cerveau, afin que celui-ci rétablisse l'équilibre. Cette alerte peut être discrète (une simple gêne) ou plus bruyante (une angoisse). C'est parce que les signaux sont désagréables qu'ils sont efficaces. On veut qu'ils cessent, et la réaction est immédiate. Quand tu te brûles, tu retires immédiatement ta main de la source de chaleur, c'est précisément pour pouvoir accomplir ce geste protecteur que tu as si mal...

Le dispositif responsable de la veille et des signaux d'alerte ou d'apaisement est le système nerveux autonome. Il regroupe le système nerveux sympathique (SNS), le système nerveux parasympathique (SNP) et le système nerveux entérique (SNE)[19].

- Le SNS génère les alertes. Pas si sympa, en fait... Il nous permet d'anticiper les situations dangereuses grâce au travail de comparaison des perceptions avec la mémoire. Cependant, une situation analogue ne produit pas nécessairement un résultat similaire. Ce n'est pas parce que ça s'est mal fini avec ton ex que ce sera pareil pour tes prochaines rencontres...

Les mises en garde délivrées par le SNS sont très nombreuses, mais beaucoup sont irréalistes. L'excitation dite « de base » du système sympathique provoque l'enthousiasme et la vitalité. *A contrario*, sa stimulation trop importante déclenche un phénomène de stress.

Le SNP, lui, est générateur d'apaisement et d'émotions positives. Il conserve l'énergie pour la mettre en œuvre dans les situations appropriées. Il a un effet calmant, il évite les actes inconsidérés. Il permet de mesurer clairement les pertes et les gains, et favorise la tranquillité. Il procure un sentiment de satisfaction. C'est grâce à lui que tu iras vers de nouveaux futurs ex…

SNS et SNP sont interdépendants, à la manière d'une balance : quand l'un monte, l'autre descend. L'enjeu du bien-être et de la sérénité est donc de maintenir une cohésion entre ces deux systèmes.

Ton mental doit pouvoir te mobiliser pour que tu mènes les actions nécessaires au rétablissement de cet équilibre, il doit donc lui-même être en état d'alerte constant. Or, dans notre environnement moderne, la multiplicité des sollicitations crée un état d'alerte un peu *too much*.

Le conditionnement du cerveau l'oblige à jongler avec la contradiction. Il doit préserver l'harmonie générale de l'organisme dans un milieu changeant, mais en même temps, cette stabilité n'est possible que parce que tu ressens le déséquilibre. Pas simple…

L'astuce, pour hacker ce système par défaut, sera donc d'être vigilant à entretenir consciemment ton équilibre. Moins tu solliciteras le déséquilibre, plus le système sera stable.

Ça ne veut pas dire que tu dois mener une vie d'ascèse, ça veut dire que tu as la responsabilité de prendre soin de toi et de l'activité de tes systèmes. Chacun possède son propre point d'équilibre : fais ce qui est bon et juste pour toi, offre-toi ce que tu mérites, c'est là que réside l'équilibre.

Pratique

Afin de maintenir au mieux ton équilibre et de t'offrir un peu d'espace, pose-toi la question de tes besoins physiologiques – alimentation, sommeil, exercice –, indépendamment de ce qui t'a été enseigné ou des diktats de la société. Demande-toi sincèrement ce qui te convient, tu es le seul à pouvoir le déterminer.

Alimentation

Il existe mille façons de se nourrir. Mais laquelle est pertinente pour toi, dans quel mode d'alimentation te sens-tu bien ? Fais fi de ce qu'on te dit ou de ce que tu crois être le mieux, tu peux manger cinq fois par jour si c'est ce qui est OK pour toi. Connecte-toi à ton corps et communique avec lui, écoute-le…

Activité physique

Elle est essentielle au bon fonctionnement et à l'équilibre de l'organisme, mais ça peut aller de la marche à la boxe, en passant par le Pilates ou la natation…

Qu'est-ce qui te correspond le plus ? Tu peux tester plusieurs activités ou décider que la marche te suffit amplement, mais garde à l'esprit que ton corps a besoin d'exercice et qu'il lui en faut ni trop ni trop peu.

Sommeil

Tu as probablement une idée approximative du temps de sommeil qui te convient, mais le respectes-tu ? Le sommeil permet à ton corps, autant qu'à ton esprit, d'archiver les informations profitables collectées tout au long de la journée et de se régénérer, il est lui aussi essentiel. T'offres-tu un sommeil de qualité ?

Ces simples besoins sont la base, ta source d'énergie première et le socle de ton équilibre. En y répondant, tu soulages le système, l'organisme et donc le mental de plus d'un tracas... Ton esprit est plus libre, car moins concentré à tenter de rétablir l'harmonie, ton humeur est meilleure, tes pensées plus claires et tu as davantage de vitalité dans ton quotidien...

Allez, hop ! Passe un peu en revue ton mode de vie pour voir... Tu peux rassembler ces informations dans un tableau :

Sommeil	**Alimentation**	**Activité**
Temps de sommeil par nuit ? Heure de coucher optimale ? Conditions idéales (noir complet...) ?	Nombre de repas ? Heure des repas ? Nature des repas ?	Fréquence par semaine ? Nature de l'activité ? Intensité de l'activité ?

SAVOIR ANALYSER *le contexte*

Ton mental s'ajuste en toute circonstance à la situation, donc en premier lieu, tu lui dis merci. En t'aidant à percevoir le monde comme une entité distincte de toi-même et à maintenir ton intégrité, il te permet d'évoluer de manière adaptée. À cette fin, il te faut savoir te protéger de ce qui peut t'être nuisible et exploiter au mieux les possibilités qui s'offrent à toi.

Face à un stimulus extérieur, le cerveau enclenche une cascade d'analyses et de réactions pour saisir ou éviter : « J'y vais ou j'y vais pas… » Pour cela, il fait appel à la mémoire, à travers laquelle il associe une expérience à sa tonalité affective. Face à une nouvelle stimulation, il cherchera ainsi parmi ses souvenirs des conditions comparables et, en fonction du type de ressenti qu'il trouvera combiné à cette expérience – agréable, désagréable, neutre –, il se lancera ou pas…

ÉVITER LES DANGERS

Ton mental est en tout premier lieu conçu pour ne pas te mettre en position de vulnérabilité. Sa réponse élémentaire est donc : « J'y vais pas. » Par défaut, il explore l'environnement à la recherche de dangers potentiels. Il est tout naturellement plus sensible aux informations négatives, qu'il détecte facilement et rapidement. L'enjeu – faut-il le rappeler – étant ta survie, les données et les expériences qui te sont préjudiciables font l'objet d'un stockage ultra-prioritaire dans la mémoire. C'est genre Fort Knox ! Il s'agit pour le cerveau de s'imprégner profondément de ces circonstances particulières, afin de pouvoir déclencher efficacement la réponse adaptée qui permet la survie. Le négatif laisse donc des traces durables. Même désapprise, une expérience dépréciative crée dans tes structures cérébrales une empreinte prête à se réactiver au cas où…

Le cerveau s'organise et se compose en fonction de son penchant négatif naturel. On se mobilise davantage pour éviter les pertes que pour bénéficier des gains. Tu ne veux plus souffrir, c'est ce qui fait que le système est efficient, la douleur que tu ressens par les alertes ou par le souvenir d'une expérience permet l'évitement… Logique ! Mais ça pique un peu quand même… C'est cette fameuse peur de l'inconnu, elle est engrammée dans ton psychisme, ça fait partie de ses missions. Tout ce qu'il ne connaît pas, il l'assimile à un danger potentiel. Il est le roi de la supposition et des super-scénarios… Tu peux donc relâcher cette bonne vieille culpabilité et te concentrer sur l'apaisement de ton mental en utilisant par exemple la balance décisionnelle.

Pratique

Afin d'éviter l'alerte maximale face à un choix ou à l'inconnu, il te faut apporter un peu de raison à ton mental. Lui, il panique direct, c'est son job.

Alors, face à quelque chose qui t'angoisse, comme ce week-end chez des amis que tu n'as pas vus depuis des lustres, procède en deux étapes.

Étape 1

Demande-toi, dans ton appréhension, ce qui est réel et ce que ton mental conçoit pour se préparer au danger supposé.

Tu peux travailler avec lui et simplement te poser pour réfléchir à ce qui t'inquiète, évaluer si tes craintes sont justifiées. Utilise pour cela les filtres de Socrate : est-ce que c'est vrai ? Est-ce que c'est bon ? Est-ce que c'est juste ? Est-ce que c'est utile ?

La respiration, qui est reliée aux états d'alerte et d'apaisement, est aussi une aide appréciable. C'est l'expiration qui procure le relâchement : respire donc profondément en allant bien au fond de chaque expiration.

Étape 2

Fais-toi une balance décisionnelle, demande-toi clairement, dans deux colonnes, le pour et le contre, ce que tu risques, et dessine une zone de sécurité dans l'inconnu. En gros, tu négocies avec ton mental pour le rassurer et lui montrer que la prise de risque est limitée ou, du moins, maîtrisée. Tu ne peux pas sauter dans l'inconnu sans alerter le système et risquer le bug. Vas-y donc tranquillement, à tout petits pas.

SAISIR LES OPPORTUNITÉS

Les expériences désagréables déterminent la survie – OK. Mais pour rester en vie, il faut aussi savoir à la fois fuir devant le lion et l'attaquer quand il est en faiblesse. Tu dois donc te tenir prêt à battre en retraite ou à foncer. Pour cela, le cerveau a développé les circuits de la récompense et de la motivation, qui stimulent les actions promettant des gratifications.

Pas bête, ton *brain* ! Ce circuit est bien entendu exploitable dans le sens du bien-être.

Le circuit de la récompense

La récompense, c'est le plaisir. On distingue deux types de plaisirs : le plaisir immédiat, physique, et la promesse du plaisir, le plaisir abstrait. Tu prends plaisir à manger ton gâteau au chocolat et à imaginer que tu vas t'en délecter. Le plaisir commence avec l'idée que tu te fais de la chose. Le cerveau s'est donc doté de deux systèmes neuronaux qui nous attirent vers les récompenses[20].

Le premier est fondé sur la dopamine, un neurotransmetteur impliqué dans les plaisirs abstraits (écouter de la musique, par exemple). Une structure cérébrale particulière, le cortex cingulaire, évalue le degré de satisfaction réel comparativement à la promesse. Si celui-ci est cohérent, le taux de dopamine augmente ; dans le cas contraire, il baisse, ce qui engendre une tonalité affective négative. Le cerveau se mettra alors en quête d'éléments pour rétablir une tonalité positive.

En d'autres termes, si tu te fixes un objectif en promettant à ton mental que ça va être cool et que ça ne l'est pas ou que tu n'y vas pas, non seulement il ne t'aidera pas à y retourner, mais en plus, il ira chercher le plaisir annoncé ailleurs…

Le second se trouve sous la dépendance de deux neuromodulateurs responsables de la tonalité affective positive : l'ocytocine et la noradrénaline. Ce sont les substances chimiques du plaisir direct. Elles renforcent les circuits neuronaux auxquels elles sont associées. Le système du plaisir valorise ce qui l'a déclenché et favorise les comportements qui permettent d'y parvenir.

Quand tu prends plaisir à faire quelque chose, ton cerveau le note et te poussera à y retourner… Oui, c'est un peu un addict… Cette réaction t'éclaire sur l'état d'euphorie que tu peux ressentir quand tu entreprends des actions qui te donnent du plaisir, et surtout sur ton désir de les réitérer encore et toujours… Il est possible de consolider ce phénomène en valorisant tes initiatives. Gratifie-toi de ce que tu t'offres.

Attention, le désir peut entraîner la souffrance par la déception, la frustration, le manque. Le rapport gain-perte est souvent déséquilibré. C'est ballot, mais tu le sais, les bonnes choses ont une fin… D'autre part, le dysfonctionnement du circuit de la récompense pourrait être à l'origine de troubles du comportement alimentaire ou affectif, ainsi que de la dépendance (alcool, drogue, etc.)[21].

Le circuit de la récompense repose sur la cohérence entre la promesse et le résultat, entre la pensée et l'action. Il t'incite à être en acte celui ou celle que tu ambitionnes d'être en pensée, et il t'aide à cela. Alors, profites-en et ose devenir qui tu veux.

Le système de la motivation

C'est lui qui te fournit l'impulsion nécessaire à la concrétisation d'actions en corrélation avec tes objectifs. Lorsqu'une intention (désir ou promesse de gratification) se cristallise, l'expérience intérieure converge vers sa finalisation. Les systèmes neuronaux se mettent à son service, qu'il soit question d'éviter un danger ou de viser une récompense. Le système de la motivation maintient ton attention en tension vers ton intention.

★ Une partie du cerveau (le cortex cingulaire antérieur) conceptualise la cohérence entre intentions et actions. Cette zone guide les actes pour mettre en œuvre les intentions et vérifie que l'attention est bien centrée sur l'objectif.

Nota bene

L'absence d'action a aussi une tonalité affective plutôt décevante… Alors, il faut agir, ne serait-ce qu'un peu, sinon la finalité s'éloigne.

Une autre région cérébrale, l'amygdale, décide de ce qui est agréable, désagréable ou neutre, de ce qui constitue une opportunité ou un danger. Elle colore nos perceptions de tonalités affectives et maintient ou non l'attention en fonction… Selon le ressenti des actions en lien avec l'objectif, elle indiquera si ce dernier est bon ou mauvais.

Même si ces stratégies t'entravent à certains points de vue, lorsque tu ressens des difficultés à être en harmonie avec ton environnement et ton prochain, lorsque tu as du mal à maintenir un équilibre, lorsque tu n'oses pas tenter de nouvelles expériences… tu peux te dire que c'est inhérent à ton fonctionnement cérébral. Néanmoins, ce n'est pas une fatalité. Ton pouvoir réside dans ta capacité à comprendre cela et à le transcender pour tendre vers une version optimale de toi-même. Et comme le système est plutôt bien fait, pour cela aussi il y a des programmes en place… Ton cheval de Troie, c'est la neuroplasticité.

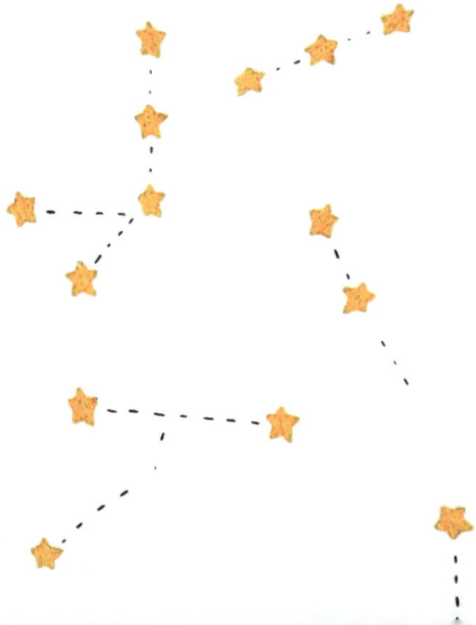

Pratique

Pour activer le système de la récompense et de la motivation, il te faut donc faire preuve de cohérence et valoriser les résultats.

Définis quelques objectifs qui te tiennent à cœur et qui résistent.

Étape 1

Évalue ton degré de cohérence. Est-ce que tu mets en œuvre des actions ? Est-ce que cet objectif, tu le places au présent, à proximité, et que tu vas vers lui ? Ou est-ce que tu le maintiens loin, dans la sphère du futur ? Es-tu cohérent entre le concept de l'esprit et la réalité tangible ?

En fonction, établis une liste d'actions que tu peux mener pour te rapprocher de ton objectif. Bien évidemment, reste dans le réel et le réalisable. Un pas après l'autre.

Étape 2

Prends le temps de valoriser chaque action et le résultat qu'elle produit, afin de bien indiquer à ton cerveau que c'est OK, qu'il y a satisfaction et qu'on peut continuer. N'oublie pas qu'il stocke le négatif et qu'il est moins adroit avec le positif ; alors, il faut vraiment que tu soulignes chaque victoire, aussi petite soit-elle, et que tu en fasses des tonnes.

Ça peut paraître peu de chose, mais valoriser ce que tu vis, ce que tu fais et ce que tu as est une clé importante. Tu ne peux pas te sentir satisfait de tes actions et de ta vie si, à aucun moment, tu ne te poses pour évaluer ce degré de satisfaction et t'en remplir.

Alors, prends cette habitude, sois cohérent et, pour chaque action que tu mènes, valorise-toi et savoure tes progrès, ton circuit de la récompense t'en remerciera.

LE LANGAGE *de la création*

Chacune de tes pensées, de même que chacune de tes expériences, correspond dans le cerveau à une série de connexions neuronales[22]. Le cerveau fonctionne comme un muscle, il se renforce là où tu le sollicites. Le système n'est pas figé, tu peux le modifier comme tu le ferais avec un code informatique.

La plasticité neuronale, ou neuroplasticité, est la capacité d'un neurone de changer le type de réponse à une même stimulation, soit la faculté de l'esprit de réagir différemment à une situation connue. C'est le processus grâce auquel ton comportement évolue, qui te permet de dépasser le(s) conditionnement(s) par une volonté active. C'est une des bases de l'apprentissage.

Du point de vue neurologique, une connexion répétée entre deux neurones se renforce, autrement dit, la sollicitation fréquente de cette connexion augmente son efficacité. À l'inverse, une connexion peu usitée subira un élagage – pas besoin de s'embarrasser avec ce qui ne sert pas. Par conséquent, tu as la possibilité de choisir tes pensées, l'objet de ton attention, ce que tu souhaites vivre, et ainsi de privilégier certaines connexions… En d'autres termes, il ne tient qu'à toi d'agir sur ton câblage ! Même si des programmes par défaut sont en place, ils sont plastiques, et l'apprentissage et l'expérience, qui sont au cœur du système, te permettent de le hacker pour le mettre à ton service.

APPRENTISSAGE

Vouloir appliquer une modification dans la structure de ton mental peut se révéler subtil, car elle est bien verrouillée.

Difficile, en effet, de te tourner vers de nouvelles expériences si celles-ci s'écartent de ta zone de sécurité ou sont assimilées à des dangers. Ton cerveau est un ordinateur ultra-puissant capable de se reconfigurer et de s'adapter, c'est pourquoi tu exécutes toutes les tâches quotidiennes dans un état d'auto-hypnose, sans même t'en rendre compte. Rappelle-toi qu'il trie les informations en fonction de ce qui lui est familier.

L'apprentissage est donc absolument essentiel pour ton cerveau. Comme n'importe lequel de tes muscles, il a besoin d'être stimulé, d'être confronté à la nouveauté, à des défis. Grâce à l'acquisition régulière de connaissances, par laquelle tu crées des connexions, il réorganise la façon dont il traite l'information.

L'apprentissage peut ainsi être le socle de tes nouvelles expériences, de même que celles-ci seront le socle de l'apprentissage, car pour qu'un apprentissage s'intègre, il faut qu'il passe par l'épreuve de l'expérience.

Cependant, lorsque tu conceptualises certaines expériences, elles activent des défenses spécifiques du mental, comme lorsqu'elles appellent un souvenir de souffrance ou d'inconfort, ou bien encore lorsqu'elles proposent un moment d'instabilité. Le mental résiste, c'est pourquoi, en alimentant ta connaissance, tu commences à établir des câblages et tu rassures les structures en place. Tu ouvres de la sorte le champ des possibles, tu indiques à ton mental que d'autres voies sont accessibles.

L'apprentissage est le point de départ pour modifier la structure de ton cerveau, faire évoluer ton mode de pensée. La pensée est un message nerveux, au même titre que le stimulus sensoriel de l'expérience. Conceptualiser, anticiper, apprendre au sujet d'une expérience à venir peut se révéler salutaire afin de sécuriser ton mental et de tisser la toile de fond de l'expérience. Ton cerveau ne fait pas la différence entre le réel et l'imaginaire, concevoir une expérience suffit à créer les structures neuronales qui la soutiendront.

Par exemple, si tu évoques la préparation de ton prochain voyage, *a priori*, tu angoisses un peu à l'idée d'arriver dans une ville totalement inconnue. Pourtant, dès que tu vas amorcer des recherches, tu vas acquérir des connaissances, poser les bases de ce projet et tempérer ton appréhension. Apprendre te permet de tracer le chemin que tu vas emprunter.

Enfin, n'oublie pas que tes pensées influent tout autant sur ton corps que sur ton environnement. Commencer par apprendre et par faire évoluer tes schémas de pensée est déjà un acte de création en ceci que tu génères de la vibration… La connaissance rend libre. Tu es ce que tu penses et tes pensées modèlent ta réalité. Il est souvent délicat de modifier son environnement ou ses expériences ; cependant, dans un premier temps, tu peux facilement te placer en observateur de tes pensées, puis apprendre afin de pouvoir les amener à progresser dans la voie de l'épanouissement.

Pratique

Voyons comment l'apprentissage peut te permettre d'infléchir le fil de tes pensées.

En premier lieu, commence par observer le penchant naturel de ton cerveau à aller vers ce qu'il connaît déjà. Par exemple, et le plus simplement qui soit, pour le trajet de la maison au travail. Tu n'y réfléchis même plus et, d'ailleurs, tu n'y es plus du tout attentif, ce sont les choses inhabituelles ou incongrues qui appelleront ton attention. Ça marche aussi pour un nombre incalculable d'éléments du quotidien, choisis ce qui est juste pour toi.

Ensuite, note ta réaction à l'idée de modifier ton itinéraire... Ton mental va illico te trouver un tas d'objections, voire carrément, face à l'inconnu, le lien cœur-cerveau va provoquer une émotion qui achèvera de t'y faire résister.

Enfin, analyse ce qui se passe si tu prends le temps d'acquérir quelques connaissances face à ce nouveau paramètre, comme rechercher sur le Web les parcours envisageables et les temps de trajet, voir à quoi ressemble le quartier, etc.

Comment te sens-tu ? Ce changement te semble-t-il plus abordable, t'estimes-tu rassuré ? Penses-tu être prêt à le concrétiser ?

L'apprentissage ne te permet-il pas d'aller plus franchement et plus sereinement dans l'expérience ?

EXPÉRIENCE

L'expérience est intimement liée à l'apprentissage. Plus un savoir est expérimenté, plus il s'imprègne. D'ailleurs, certains savoirs ne peuvent être acquis qu'à travers leur expérimentation. Par exemple, tu ne peux pas apprendre à marcher sans l'agir. La corrélation connaissance-expérience est relative aux liens corps-esprit et cœur-esprit, l'une ne va pas sans les deux autres.

C'est la tonalité affective de l'expérience qui l'ancre dans la mémoire. Plus tu sentiras, plus tu apprendras.

Les expériences, comme les connaissances, s'organisent dans ton cerveau sous forme de structures neurologiques. L'expérience, autant que l'apprentissage, crée des circuits neuronaux, voire renforce ceux élaborés par l'apprentissage en y apportant la charge affective qui les scelle[23]. Ton cortex fonctionne comme un muscle, les zones qui se développent davantage sont celles que l'on stimule. Plus tu entretiens une pensée ou plus tu répètes une expérience, plus les connexions correspondantes se consolident.

Lorsque tu alimentes l'idée selon laquelle tu n'es pas capable, tu finis par y croire. De même, moins tu fais, moins tu te sens capable de faire. Pensée et expérience sont très nettement interdépendantes.

L'expérience structure ainsi la configuration de ton mental, c'est elle qui stimulera le plus de ressentis, et donc son résultat s'imprégnera davantage dans ta mémoire. Tu intègres par exemple bien mieux ce qu'est le plaisir en l'expérimentant plutôt qu'en le conceptualisant.

Ton monde extérieur est à l'image de ton monde intérieur, cela implique que ta faculté d'action dépend de la manière dont ton cortex est structuré. Le fait de multiplier les expériences, et ainsi de privilégier la formation de nouvelles connexions neuronales, te permet de reconfigurer la carte de ton cerveau et de modifier aussi bien ta perception que tes capacités.

Plus tu vas agir, plus tu vas acquérir de la confiance en toi. Il est important de faire, car c'est cela qui va nourrir le circuit de la récompense et de la motivation, et une bonne part de l'estime que tu te portes repose dans ta confiance en ta propre aptitude à entreprendre.

Même si le câblage de ton cerveau ainsi que les programmes par défaut affectent ta façon d'agir, les structures neuronales se reconfigurent en permanence[24], tu as toujours le choix. « Il n'est rien de constant, si ce n'est le changement » (Bouddha).

Même si cela prend du temps, car le cerveau résiste aux transformations et à ce qu'il ne connaît pas, tu peux faire évoluer ce câblage à petits pas, en étant vigilant à ne pas lever les états d'alerte et en valorisant le résultat de chaque expérience. Cela demande assurément un effort de la volonté, qui consiste à se placer dans un état d'écoute profond et sincère de la résistance (de ton ressenti et de ton état d'être) et à passer outre en rassurant préalablement les structures en place. Si tu ouvres la porte, alors l'expérience change, et ton monde aussi…

La neuroplasticité ouvre une voie de liberté non négligeable : tu es en mesure de t'orienter vers telle ou telle expérience, de guider tes pensées, et donc de décider de ton développement. Certes, tu fonctionnes à partir de programmes par défaut ; cependant, les comprendre te permet d'agir en conscience, de choisir, de reprendre en main ton pouvoir créateur… Le cerveau n'est en aucun cas figé, ton potentiel de base, c'est son évolution.

Nous expérimentons et nous apprenons, nous avons la possibilité d'observer les mécanismes à l'œuvre et de déterminer continuellement ce que nous imprimons et la façon dont nous le structurons. Nous pouvons choisir ce que nous cultivons en nous, à chaque instant. Nous sommes les jardiniers de notre esprit, les hackeurs de la matrice…

Pratique

Voyons comment l'expérience travaille à structurer ce que tu penses de toi et du monde.

Reprenons l'exemple du changement de trajet.

Tu t'es préparé ; le jour J, tu te lances... Reste à l'écoute de ton ressenti.

Après cette expérience, comment te sens-tu ? Satisfait ? Fier de toi ?

Face à la satisfaction, le cerveau va entreprendre une décharge d'hormones qui te galvanisent.

Comment envisages-tu la prochaine expérience ?

Franchis une étape de plus, modifie autre chose dans ton quotidien et, petit à petit, prends moins de pincettes pour la préparation, vas-y de plus en plus franchement.

Mais surtout, chaque fois que tu vis une expérience satisfaisante, imprègne-la fort en toi. N'oublie pas : nourris ton cerveau de la satisfaction et de la cohérence.

Tu ne peux pas sortir de ta zone de confort sans lever les alertes, ne saute pas en dehors, déplace-la à petits pas et, graduellement, tu acquerras de la confiance en ta capacité à faire, et ta zone de confort deviendra l'inconnu.

LE LANGAGE *de l'être*

Les blocages que tu ressens par rapport à l'action sont bien réels et relèvent de véritables croyances. Il est donc, avant toute chose, primordial de te pencher sur l'être. Le faire en est la conséquence.

Nous sommes ce que nous pensons, et nous pensons ce que nous croyons. Bien souvent, nos actions sont limitées par nos convictions. N'oublie pas que tu perçois la réalité en fonction des connexions existantes, à partir de ton passé. Même si cela conditionne ta perception, il n'appartient qu'à toi de faire de la place au neuf, de modifier tes pensées, de déplacer tes intentions. Tu l'as maintenant bien compris : ce que ton mental te permet de faire correspond à ce qu'il juge possible et estime efficace. De par les mécanismes de perception et de tri de l'information, le cerveau ne ramène à ta conscience que ce qu'il connaît déjà. C'est pourquoi il est essentiel de le maintenir en mouvement par l'apprentissage et l'expérience.

Tu peux considérer la croyance comme une pensée validée par l'expérience. Tu n'accordes par exemple du crédit à ce que je te dis que parce que tu l'expérimentes et parce que ça te semble tangible en regard de ton référentiel.

C'est là que réside la différence entre la foi et la croyance. La foi ne demande pas de preuve ; tu crois, c'est tout. En revanche, pour intégrer une croyance dans ton mental, il te faut pouvoir la confirmer. La croyance est tout à la fois ce que tu penses possible en fonction du référentiel de ta mémoire et ce que tu acceptes d'envisager. Ta réalité est le résultat de ces croyances.

Ainsi, la croyance est comme une connexion neuronale hyper-puissante, une sorte d'autoroute de l'information, qui va t'aider ou te limiter. Elle donne encore lieu à une triade : pensée-expérience (ressenti)-croyance…

Elle est la façon dont ton mental communique avec toi-même et avec le monde. Elle est le filtre de ton action, tout en en étant le produit.

Outre le fait de comprendre les structures cérébrales et neurologiques qui supportent le fonctionnement des facultés psychiques, pour appréhender le mécanisme des croyances, il nous faut aussi considérer les aspects psychologiques, émotionnels et pratiques. Puisque ton mental se modèle à partir de l'expérience et de la mémoire, tes pensées parasites et tes convictions limitantes sont les messagères de ton histoire.

Nous allons donc remonter le fil, depuis tes pensées jusqu'à tes croyances, afin de voir comment cela se compose et comment tu peux agir dessus.

TES PENSÉES

La pensée est l'interface directe entre l'environnement et l'individu. Puisqu'elle s'accompagne toujours d'une charge émotionnelle qui lui donne sa couleur, on en observe différents types : les pensées positives, les neutres, les négatives et les parasites.

La pensée positive

Elle est tout naturellement liée à un ressenti positif. Le signal corps (ressenti)-cœur (charge affective)-cerveau (interprétation) est cohérent et satisfaisant. Celles-là, on n'y touche pas et on les entretient !

La pensée neutre

Elle correspond à une pensée dont la charge affective est indifférente, ni bien ni mal. Ces pensées-là sont en général relatives au fonctionnement de base. Le signal corps-cœur-cerveau est juste cohérent. Celles-là non plus, on n'y touche pas et on les valorise !

En effet, beaucoup de choses nous semblent sans relief simplement parce que l'on n'y apporte pas de valeur par la conscience. Reprenons notre trajet travail-maison, que tu ne regardes plus et dont on peut dire qu'il ne suscite pas en toi une grande satisfaction. Mais si, dans cette neutralité, tu mettais un peu de conscience et que tu rouvres les yeux, se peut-il que tu y découvres de l'intérêt, voire un peu de joie ? Une nouvelle boutique ? Une jolie architecture ? Une cour cachée que tu n'avais jamais repérée ? Ce balcon si joliment fleuri ? La conscience que tu insuffles à tes actes est toujours méliorative.

La pensée négative

Elle est la pensée associée à un ressenti négatif, ça fait mal, c'est gênant, inconfortable. Le signal corps-cœur-cerveau est cohérent, mais désagréable. Le plus souvent, les pensées de ce type sont sous-tendues par des émotions de dépréciation, de frustration… en lien direct avec la cartographie en place dans le cerveau et toutes les charges affectives qui y sont stockées. Rappelle-toi que tes pensées conditionnent tes actions, qui elles-mêmes induisent tes habitudes, lesquelles définissent ton caractère. Un mode de pensée négatif est le résultat de la succession de tes choix de vie, conditionnés par tes ressentis. Ton schéma de pensée est pessimiste et, de ce fait, le monde t'apparaît hostile. Il te faut alors prendre en charge ces ressentis négatifs, c'est là que le travail sur ton mental doit t'amener à sonder ton cœur et ton histoire.

La pensée négative n'est pas la seule à te conduire dans ces zones de l'être. La pensée parasite, qui indique de façon analogue un inconfort ou une incohérence, t'y guide également.

La pensée parasite

C'est celle qui traîne dans ta tête et qui empêche les autres, les positives, de s'installer, celle qui tournoie à la surface, un peu comme un cheveu sur la soupe. Le signal corps-cœur-cerveau est incohérent, en conséquence, elle ne trouve pas sa place, c'est la pensée qui n'entre pas dans les cases, or ton cerveau, lui, il aime bien mettre les choses dans des cases. Alors, tant qu'il ne sait pas où classer cette pensée, il te la renvoie.

Le seul moyen de te débarrasser de tes pensées négatives ou parasites est de comprendre ce qui s'oppose à les ordonner, de les faire dégonfler, de les libérer, en les soulageant des charges qu'elles véhiculent, en les écoutant.

Quel que soit le chemin, il est fait d'attention et de bienveillance. Ton mental n'est pas distinct de toi, il est ton reflet. Ta pensée, c'est le chevalier sur son destrier qui vient t'apporter un message ; tu ne peux pas le renvoyer chez lui, il campera devant toi tant qu'il n'aura pas accompli sa mission, il te faut donc lui ouvrir la porte et l'écouter.

LES MESSAGES DIFFUSÉS PAR TES PENSÉES

Par la construction de ton mental et ses dimensions émotionnelles et mémorielles, tes pensées sont le reflet de ce qui te touche et de la manière dont tu perçois le monde. Lorsque l'une d'elles est inconfortable (négative) ou parasite, c'est qu'elle te ramène aux profondeurs de l'être.

Le message émotionnel

La pensée trouvera ou non sa place dans le mental prioritairement en fonction de sa couleur, c'est-à-dire de la tonalité affective à laquelle elle est associée. Une pensée parasite, par exemple, porte une charge émotionnelle qui butera sur ton cerveau tant que tu n'auras pas fait le travail requis avec l'émotion qui la sous-tend. Bien souvent, simplement celui de l'acceptation. Le sentiment en présence te donne une information, soit sur un besoin auquel tu n'as pas répondu, soit sur une blessure.

Par exemple : si tu fais tourner en boucle la réflexion que t'a adressée ta boss, c'est qu'elle a activé quelque chose chez toi, que ton mental, qui ne lâche pas l'affaire, essaie de te communiquer une information... Probablement t'es-tu senti blessé, et tant que tu n'écouteras pas, ça ne s'apaisera pas... Je sais que tu voudrais être plus fort que ça, mais accepter tes émotions et ta vulnérabilité, c'est ce qui te rend plus puissant.

Le message de l'équilibre

N'oublie pas que ton cerveau est avant tout le garant du bon fonctionnement de tes systèmes, en particulier de tes systèmes physiologiques. Parfois, le message véhiculé par tes pensées peut donc très simplement te ramener à l'écoute et au respect de tes besoins : en cas de déséquilibre dans l'un de ces systèmes, elles te le signalent. Ne pas parvenir à centrer ton attention, par exemple, avoir l'esprit qui divague, peut tout bonnement être le signe que tu as surchargé ton système digestif et que ton cerveau ne peut pas tout traiter en même temps.

Le message de ton histoire

Lorsqu'une pensée est inconfortable, il se peut que ce soit ton passé qui revienne à la surface. Elle se charge d'un souvenir éprouvant et, de nouveau, elle n'entre pas dans les cases. Elle laisse entendre soit que quelque chose n'est pas réglé et appelle ton attention, soit un besoin de vigilance. Elle peut être comme le bouton qui déclenche une réaction qui vient de plus loin…

Imaginons que tu n'arrives pas à décrocher tes pensées d'un événement *a priori* anodin : c'est que celui-ci a ravivé une impression désagréable, que ce soit par les faits en eux-mêmes ou par le cadre, les odeurs, la musique… Ta mémoire s'est activée, et ton mental te rappelle que des éléments que tu croyais révolus sont restés douloureusement actifs. Un tel état nécessitera donc de faire le chemin vers cette souffrance latente et de la soulager pour relâcher le mental.

Le message du temps

Parfois, tu penses simplement à trop de choses en même temps et tu ne temporises pas. Premièrement, tu sors de l'ici et maintenant en te projetant dans l'instant d'après ; deuxièmement, le fait de multiplier les réflexions va au-delà de tes capacités (raisonnables). Lorsque tu envisages l'après ou l'hier, tu surcharges le mental d'informations qu'il ne peut intégralement traiter. Quand une pensée tournoie, c'est qu'elle n'a pas d'espace-temps auquel se référer. Deux options cohérentes avec toi-même s'offrent donc : soit tu diffères tes objectifs en les séquençant, et ainsi tu donnes à tes pensées une temporalité à laquelle s'accrocher, soit tu évacues toutes ces considérations de ta tête en écrivant ou en agissant. Demain, c'est demain, rien ne sert de garder ce qui concerne cet espace-temps dans ton esprit. Note et laisse de côté. Comme c'est consigné, ton mental sait que tu n'oublieras pas et peut lâcher.

Tenter de hacker ton mental, c'est te centrer sur le présent et ouvrir la porte à l'ensemble de l'être. Si tu accueilles la charge émotionnelle qui accompagne la pensée, elle peut s'en aller. Face à une pensée parasite ou négative, la première chose à faire est donc de te demander ce que tu ressens. Ce n'est qu'après avoir prêté attention au message délivré qu'il te sera possible de traiter ce volet affectif. Comme je te l'ai dit souvent, le plus délicat avec les pensées est le travail d'acceptation qu'elles requièrent.

Soulager ton esprit de ses pensées parasites ou négatives repose par conséquent dans l'écoute de l'être. Ton mental ne travaille pas contre toi, il cherche prioritairement à te maintenir en sécurité…

Pratique

Étape 1

Tu vas identifier la nature de tes pensées : positives, neutres, négatives ou parasites.

Observe-toi le temps d'une journée et évalue le type de pensée que tu nourris le plus. Pour cela, détermine le degré de cohérence entre la perception à l'origine de la pensée, l'interprétation du cerveau et la charge affective.

Perception	Interprétation	Charge affective	Nature de la pensée
La requête de mon supérieur	Je n'aurai pas le temps	Frustration	Négative
Le message de mon chéri	J'ai de la chance de l'avoir	Contentement	Positive

Nombre de pensées positives	Nombre de pensées négatives	Nombre de pensées neutres	Nombre de pensées parasites

Prends la mesure de ce que tu nourris en toi, même si une pensée a une origine et doit être écoutée, tu as le choix de celles que tu alimentes. Chaque pensée négative que tu entretiens est du poison que tu t'envoies.

Étape 2

À défaut d'engager le travail thérapeutique qui serait requis pour soulager les origines émotionnelles ou traumatiques de ton mode de pensée, tu disposes en soutien de deux outils, en attendant d'aller vers une thérapie, si celle-ci s'avère nécessaire.

• Adopte une respiration favorisant des temps d'inspiration et d'expiration identiques, cela créera une cohérence cardiaque qui apaisera la sphère émotionnelle et déchargera le mental.

• Ho'oponopono est une sagesse de guérison hawaïenne qui repose sur la répétition du mantra : « Je suis désolé, pardon, merci, je t'aime. » Adresse-toi cette phrase à haute voix jusqu'à ce que la charge émotionnelle se dissipe, en veillant à être sincèrement dans une intention d'accueil et d'apaisement.

TES CROYANCES

On peut considérer que la majorité de tes croyances s'établit dans ta petite enfance. À ce moment, tu éprouves un besoin, tu produis une action pour y répondre et tu reçois un résultat. À partir de la tonalité affective de ce résultat, tu vas intégrer telle ou telle conviction. Les croyances se forgent donc pour une bonne raison, elles te permettent de te maintenir en sécurité.

Elles agissent cependant comme des filtres et des aimants. Tu es ce que tu penses, mais tu crées aussi ce que tu penses. Aucune croyance n'est bonne ou mauvaise, nous en acquérons tous à mesure de la vie. Elles deviennent limitantes lorsqu'elles t'entravent dans ton développement et tes actions. Les croyances que tu estimes aujourd'hui restrictives ne l'ont pas toujours été. Elles se sont mises en place pour te préserver, te détourner de la souffrance, de l'inconfort ou de la frustration. C'est comme en informatique, tout bon hackeur sait que, pour supprimer un programme (ta croyance), tu dois faire disparaître les fichiers cachés (les origines).

Tes croyances sont initialement l'association de la pensée et de l'expérience. Et comme nous venons de le voir, tout cela est en lien direct avec ta sphère émotionnelle et ton histoire, ainsi qu'avec tes capacités de perception et de traitement de l'information.

Par exemple : naturellement, tu ne vas pas te dire que, quoi que tu fasses, tu ne seras jamais à la hauteur. Dans un premier temps, tu vas simplement agir, la croyance naîtra en fonction de la tonalité affective que tu retireras de tes actions.

C'est ensuite la répétition qui forgera tes certitudes. Ces dernières reposent sur une connexion qui finit par devenir très puissante dans ton cerveau. À force de reproduction, ton système de pensée intègre que telle expérience produit tel résultat, et en fait une généralité.

Par exemple : si, un nombre suffisant de fois lorsque tu mènes une action, tu te retrouves dévalorisé, tu croiras que, quoi que tu entreprennes, tu n'es jamais à la hauteur, et tu limiteras tes actions.

À force d'entretenir cette relation de cause à effet, tu oublies les possibles. Ainsi, en fonction des croyances qui sont actives en toi, tu vas simplement occulter une partie de la réalité, parce qu'elle ne te semble pas accessible. Puisque l'expérience X est associée au résultat Y, tu n'iras plus vers X, alors qu'en soi l'issue n'est jamais acquise. C'est pour cela qu'on dit souvent que, pour obtenir des résultats différents, il faut agir différemment…

D'autre part, il n'est pas nécessaire de cumuler un grand nombre de répétitions, car ce qui va changer la donne, c'est la charge affective que tu ressens. Ainsi, ta croyance est aussi un système de protection que tu vas mettre en place face à une expérience qui aura été vécue comme douloureuse. Expérience X = résultat Y, si Y est négatif pour toi, alors tu assimileras une croyance qui te fera éviter X. Ainsi, la croyance selon laquelle tu ne seras jamais à la hauteur te permet de fuir les situations d'échec potentiel et de dévalorisation.

Mais dans le même temps, cet évitement est une satisfaction, et cela constitue le bénéfice secondaire de la croyance. Ainsi, elle est d'abord aidante avant d'être limitante.

En remontant à sa source, tu cesses de te juger, tu peux alors la considérer sous une autre perspective, désactiver le signal d'alerte et entrevoir la ressource qu'elle t'a permis de développer. C'est pourquoi il faut avant tout l'écouter et soulager l'origine qui l'active. Elle est le symptôme d'une antériorité plus profonde.

Si la croyance devient limitante, c'est qu'elle est un filtre à ta perception de la réalité. En fonction de ce qui te semble accessible, faisable, tu ne percevras pas le réel de la même manière ; certaines choses seront naturellement occultées sous l'influence de ton système de croyances. Dans ce cas, tes certitudes interfèrent avec la réalisation de tes possibles, qui dans l'absolu n'ont pour limites que celles que tu te poses.

Elles agissent de plus comme un aimant : le mental n'aime pas être contrarié, et sa nature énergétique lui assure de ne pas l'être. Le phénomène de résonance implique que tu vibres tout ce que tu penses et que tu récoltes ce que tu vibres. Ta pensée est un vecteur de création et d'attraction. Le fait de vibrer une croyance ou d'aborder la réalité à partir de celle-ci conditionne le résultat de ce que tu vas entreprendre. Garde en mémoire que l'Univers est très basique, très binaire. En vibrant que tu ne peux pas, tu n'induiras que des empêchements…

Vouloir lutter contre une croyance limitante sans écouter l'information qu'elle porte est contre-productif, car tu indiques à l'être de sortir de son champ de capacités et de défense, ce qui va inévitablement l'inciter à résister. Ta croyance, c'est la zone de confort et surtout de sécurité de ton mental. Lorsqu'on te dit de la dépasser, on te demande de te mettre en danger ; ça n'a aucun sens, car l'être s'y opposera naturellement. Tu ne peux pas modifier une croyance, qui est une habitude de pensée, si tu ne tentes pas de comprendre ce qui l'a générée. La seule solution pérenne est donc d'accepter qu'il s'agit de ton histoire, de ton expérience, de tes blessures et que ce sont elles qui ont construit ton mental. Ce n'est ni bon ni mauvais, c'est ce que tu es, et plus vite tu l'admettras sans jugement, plus vite tu pourras décider de ce que tu en fais.

Pratique

L'astuce, pour se débarrasser d'une croyance, est d'en remonter le fil. Elle n'est pas arrivée par magie, elle est le produit de ton expérience et une réaction pour te maintenir en sécurité face à des perceptions interprétées comme dangereuses ou inconfortables.

Ne te dis pas « j'ai confiance en moi » si tu manques d'estime personnelle, parce que tu oublies alors toute une partie de ton être. Tu dois entrer en profondeur et questionner cette croyance, en retrouver la source. Tu n'es pas obligé d'aller jusqu'à la reviviscence des événements, il suffit que tu approches le point d'achoppement (la peur, l'émotion…).

Attache-toi à caractériser les croyances qui t'habitent et te limitent. Pour cela, chaque fois que tu te vois te retenir de faire quelque chose, demande-toi quelle en est la cause. Mène ton dialogue intérieur posément.

Par exemple : « Je vais éviter cet apéro. — Pourquoi ? — Je ne me sens pas à l'aise en société. — Pourquoi ? — J'ai peur d'être jugée. — Pourquoi ? — J'ai la sensation que je ne suis pas intéressante. — Pourquoi ? — On m'a toujours dit que j'étais banale. »

À partir de là, tu peux mettre en place une affirmation sur la base de l'inversion psychologique, du type « même si…, j'accepte ou je m'autorise, ou encore j'accueille, etc. ».

« Même si je crois que je suis banale, je m'autorise à être à l'aise en société. »

Et tu te répètes cette affirmation comme un mantra, matin et soir.

En résumé

★ Tes pensées sont à l'origine de tes actions. Des actions répétées donneront lieu à des habitudes qui elles-mêmes façonneront ton caractère et ton caractère forgera ta destinée. Tu as le choix de tes pensées, donc de l'existence que tu souhaites mener.

★ Ton mental fonctionne à partir de programmes par défaut qui se sont développés à mesure de l'évolution pour te maintenir en vie et en sécurité. Ce sont les pare-feu qui conditionnent ta posture dans le monde et en toi-même, et tu dois en avoir conscience afin de mettre en œuvre le pouvoir de création de ton psychisme.

★ Ta nature humaine te pousse à établir des séparations entre le monde et toi-même, car tu dois te sentir distinct de celui-ci pour t'y placer. Mais tout est interconnecté, ton ressenti est la clé pour valoriser ce sentiment d'unité.

★ Tu maintiens l'équilibre de tes systèmes physiologiques. Ton mental traite chaque déséquilibre comme un état d'alerte. Le respect de tes besoins physiologiques est la clé pour favoriser l'harmonie et soulager le mental.

★ Pour te protéger, ton mental scanne en permanence l'environnement, afin de localiser des dangers potentiels. Tu peux donc ramener un peu de mesure dans ses alertes et modérer les scénarios qu'il échafaude.

★ Pour saisir les opportunités, tu es doté d'un système de récompense et de motivation qui te permet de chercher la satisfaction et d'y retourner. Il te faut faire preuve de cohérence entre ta pensée et tes actes et valoriser les actions que tu entreprends, en vue de l'activer.

★ Pour te permettre d'évoluer dans ton environnement, tu disposes de la capacité de neuroplasticité. Même si l'expérience modèle ton mental, le cerveau est plastique et peut se reconfigurer en fonction de l'apprentissage et de tes choix de vie. Apprendre te permet de soulager les états d'alerte et de créer de nouvelles connexions qui seront le support de tes expériences à venir. L'expérience est ce qui ancre la connaissance, elle renforce les structures neuronales, garantissant ainsi à ton cerveau de modifier sa cartographie et d'ouvrir le champ des possibles.

★ Ton mental, par la façon dont il se compose et se recompose en permanence, est intimement lié à tes perceptions (ton corps), à tes émotions (ton cœur) et à ton histoire.

La nature de tes pensées dépend de la charge affective qui leur est associée. Ainsi, on identifie les pensées positives, neutres, négatives et parasites. Lorsqu'une pensée est gênante, c'est qu'une expérience pénible y est accrochée et l'empêche de trouver sa place. Elle est alors porteuse d'un message qu'il faut écouter.

★ Le message de tes pensées est de nature émotionnelle, mémorielle, physiologique ou temporelle.

Ce qui empêche une pensée de trouver sa place est soit la charge affective qu'elle porte, soit le déséquilibre d'un des systèmes (physiologiques), soit une mise en lien avec le référentiel de la mémoire qui indique un danger, soit un espace-temps auquel elle est attachée et qui n'est pas congruent avec ton espace-temps présent.

Afin de soulager une pensée inconfortable, il te faut atténuer sa charge affective et au besoin remonter le fil de ton histoire pour en situer l'origine et soigner la blessure qu'elle révèle, et enfin penser à rester dans l'ici et maintenant.

Une pensée associée à une expérience donne naissance à une croyance. La croyance en elle-même n'est initialement pas limitante, elle te permet de rester en sécurité et en vie, elle est la réponse à un besoin. Elle devient contraignante lorsqu'elle t'entrave dans tes actions. La croyance est un système de protection, qui finit par t'isoler d'une part de tes possibles. Pour la tempérer, il faut la questionner et en apaiser la source en pensant à la remercier, car elle t'a préservé.

Ton mental est une machine complexe et étonnante. Il agit pour ton bien et, quoique certains de ses fonctionnements puissent constituer autant d'entraves, c'est tout de même un instrument merveilleux.

L'alliance de tes pensées et de tes expériences s'y ancre pour définir tes possibles et tes perspectives, mais tout est plastique, tout est malléable. Son pouvoir repose sur ta capacité à apprendre, à être conscient et bienveillant envers toi-même et surtout sur ton aptitude à choisir. Il est le programme du libre choix.

Choisis-toi et hacke le système, ouvre le champ de tes possibles, car ils sont infinis. La clé est la paix, avec toi, tes émotions, ton histoire.

Tu n'es capable que de ce dont tu te crois capable. Le socle en est la croyance et le fondement de la croyance est l'expérience.

La pensée est ce qui nous semble le plus subtil et le plus insaisissable, et pourtant, ce qui permet de modifier le système est l'action qui sera le terreau de la croyance, elle-même le ferment de tes possibles. La clé pour hacker son mental est de croire, de croire en soi, de croire en lui…

HACK

Cocréer : le hacking bienveillant

Ton mental est l'énergie de création de ta réalité, tout autant que le résultat de ton histoire et le produit de tes interactions avec l'environnement. Il te connecte au monde et à toi-même.

Outre qu'il te faut connaître, pour le hacker, les ressorts qui alimentent son fonctionnement, cela n'est envisageable que grâce à la croyance que tu vas exercer. Ce qui s'intègre le plus profondément dans ton esprit est ce qui relève de la cohérence entre ta perception (ton ressenti), ton émotion (ton cœur) et l'interprétation de tout cela (ton esprit).

Ce qui flotte à la surface, ce qui t'encombre ou te limite est ce qui est déphasé, ce qui ne trouve pas sa place.

L'intention n'est réellement créatrice que lorsqu'elle est ressentie dans le corps et dans le cœur. Avant d'entamer une action, il te faudra donc aligner les différentes sphères de ton être, synchroniser le corps, le cœur et l'esprit pour les apaiser. Il te faudra croire en toi, en tes ressources, en tes capacités, cultiver ta confiance si tu veux ouvrir le champ de tes possibles.

Rien ne sert de contraindre ou de nier, seules comptent l'écoute et la bienveillance. Hacker, c'est créer, cocréer, être avec, hors du conflit et de la lutte, et exploiter ses ressources. Le hackeur ne combat pas, il bâtit parce qu'il croit. Apprends toi aussi à croire en toi pour développer une version optimale de toi-même.

Je te propose un protocole de hacking bienveillant, pratique à utiliser quand bon te semblera, pour apprendre à vivre en paix avec ton mental. Puisqu'il est avant tout question de croyance, il s'articulera autour de l'acronyme CROIRE.

> "C" pour conscience.
> "R" pour reconnaissance.
> "O" pour origine.
> "I" pour inversion.
> "R" pour ressenti.
> "E" pour expérience.

Voyons ce que cela signifie étape par étape. Six lettres, donc six paliers, tu peux te dire que c'est beaucoup et long, mais tu apprendras que, pour évoluer, il n'y a d'autres clés que l'entraînement et la répétition. C'est ainsi, après une période de familiarisation, que tu intégreras la méthode et qu'elle finira par devenir une habitude, un automatisme. Une fois assimilé, ce petit process est d'ailleurs vraiment très rapide.

"C" POUR *Conscience*

Comme nous l'avons vu, la plus grande part du travail de ton mental se fait hors de ta conscience. Le premier pas vers une vie harmonieuse entre ta tête et toi est donc de ramener le plus d'informations possible à ta conscience. La conscience que tu mets dans tes pensées et dans tes actions est méliorative, elle est un moyen de reconsidérer le stade du choix. Elle est le petit pas en arrière qui te permet de voir la situation de façon globale et de revenir à un semblant de libre arbitre.

Récapitulons : chacune de tes actions est la conséquence soit d'une pensée soit d'une croyance, toutes deux étant le fruit de perceptions, interprétées par ton mental en fonction de ton histoire et de ta sphère émotionnelle. Cela se passe en un millième de seconde. Tu ne pourras jamais être conscient des 40 000 à 60 000 pensées qui te traversent quotidiennement[25], mais tu peux te focaliser sur celles qui motivent tes actes.

N'oublie pas que ton mental et l'énergie véhiculée par tes pensées influent tout aussi bien sur ton corps physique que sur ton environnement, que ton intention est un pouvoir d'attraction. Il s'agit donc de sortir de ton état d'auto-hypnose ordinaire pour reprendre le pouvoir créateur de ton mental en main, que ce soit sous la forme d'une pratique journalière ou momentanée, lorsque ça tourne trop dans ta tête. Le meilleur moyen de ramener de la conscience est de porter ton attention sur ton ressenti, puisque celui-ci est physique et tangible.

La conscience, c'est *cum scientia*, « avec la connaissance ». Ton mental fait confiance à ce qu'il connaît et ton ressenti est sa base. Pour mettre de la conscience dans ta tête, je te propose deux options : un entraînement et un kit d'urgence. L'objectif est de temporiser, d'être à l'écoute de tes actions et de ce qui se joue en toi.

Entraînement

★ Au quotidien, pendant vingt et un jours, exerce-toi à te connecter à ton ressenti. Privilégie un contexte où ton mental est très occupé pour tenter de devenir conscient de tes perceptions, en commençant par ton corps avant de te pencher sur tes émotions. Redeviens conscient de ton état d'être, de ce que ton corps ressent. Ce temps d'introspection ne correspondra pas forcément au moment de la journée durant lequel tu fais le plus de choses, ça peut aussi tourner à fond les ballons dans les temps de trajet par exemple, où justement tu es libéré de l'action et où ton mental peut s'en donner à cœur joie.

★ Au quotidien encore, prends l'habitude, pendant vingt et un jours, de méditer ou de t'accorder un temps de repos et de relaxation pour permettre à ton mental de s'apaiser et te laisser observer les pensées qui s'accrochent. Centre ton attention sur la détente du corps de haut en bas, et note les pensées persistantes.

Scanne le code pour un exemple de méditation.

★ Au quotidien toujours, pendant vint et un jours, relève jusqu'à quel point tes pensées pèsent sur ta réalité et de quelle manière, en fonction de ton état d'esprit et de ta posture intérieure, les choses se passent complètement différemment.

En cas d'urgence

Utilise ta respiration, le système nerveux autonome responsable des états d'alerte et d'apaisement y est relié. L'inspiration active le système nerveux sympathique (alerte) ; l'expiration, le système nerveux parasympathique (apaisement). Quand tu sens que tu perds le contrôle sur tes pensées et que tu es submergé, respire profondément en étant dans un temps égal d'inspiration et d'expiration, afin de rééquilibrer le système. Cela te donnera le répit nécessaire pour reprendre conscience de ce qui se passe et aborder la suite du processus.

"R" POUR *Reconnaissance*

Avant de choisir un plan d'action, il te faut déjà reconnaître ce qui est en train de se passer, de s'activer. Que ce soit une pensée ou une croyance qui traîne dans ta tête, elle est vectrice d'informations précieuses. Sauf que, comme tu ne comprends pas forcément de prime abord ce qu'elles véhiculent, ton premier réflexe est d'affecter à ces considérations des valeurs morales, des obligations de réussite sans les écouter. Et comme tu ne les entends pas, elles restent là, à encombrer ton esprit. L'enjeu de la reconnaissance est l'acceptation et le non-jugement. Tu es un être pensant et ces pensées te servent, d'une façon ou d'une autre.

Si tu envisages de hacker ton mental, commence par être conscient de la vie de ton esprit, puis efforce-toi de l'accueillir. Que cela te plaise ou non, c'est ce qui se manifeste à l'instant présent. Ce qui importe est donc ce que tu vas décider d'en faire, ce que tu vas décider de t'offrir.

Reconnaître, c'est « naître à nouveau avec », alors dépose les armes, ne lutte pas contre tes pensées ou tes croyances, mais accepte-les sans les juger et avec bienveillance. Elles t'indiquent un chemin vers toi-même.

Maintenant que tu as pris conscience de ta vie mentale, tu peux t'attacher à analyser tes pensées et tes croyances.

RECONNAÎTRE TES PENSÉES

Dans un premier temps, sors-les de ton esprit. Tu as besoin de clarifier le matériau que tu t'apprêtes à hacker. Tant que c'est en fouillis dans ta tête, tu ne peux pas en faire grand-chose.

Observe ta vie cérébrale et recense les pensées qui te traversent au fil de la journée. Chéris les pensées positives, valorise les pensées neutres et note les pensées négatives et parasites. Cela va te permettre de prendre un peu de distance et de pouvoir travailler dessus.

ACCUEILLIR TES PENSÉES

Une fois que tu les as identifiées, prends le temps de les accueillir par un mantra : « J'accueille chacune de ces pensées comme un vecteur de compréhension et d'évolution » ou bien « je remercie mon esprit pour ces pensées »...

Adapte la formulation selon ce qui te convient et libère-toi du jugement.

"O" POUR *Origine*

Tranquillement, tu as pris conscience de tes pensées et de tes croyances, tu les as acceptées sans les juger, tu les laisses exister avec le message qu'elles t'apportent.

Afin de pouvoir les libérer, il te faut entendre ce qu'elles portent, en caractériser la nature. Tant qu'elles sont chargées, elles ne peuvent pas entrer dans les cases de ton cerveau et elles te gênent.

Tes pensées peuvent être le support d'une charge émotionnelle, d'un déséquilibre, d'une question de temporalité, d'un appel de ton histoire.

Le message de la croyance est une pensée ancrée, qui devient ta réalité.

En premier lieu, il te faut donc distinguer les pensées des croyances, puis tu pourras questionner leurs origines.

DISTINGUER LA PENSÉE DE LA CROYANCE

Cette différenciation est importante, car une pensée peut n'être qu'une simple réponse à une perception, auquel cas il est facile de la soulager. De même, elle n'est pas forcément à exclure même si son ressenti est désagréable, elle te donne une information précieuse sur ton environnement et ton besoin de sécurité. Une croyance, en revanche, peut aller chercher plus profond dans ton histoire. Tu ne seras pas en mesure de la traiter si tu ne l'as pas reconnue comme telle.

Penser dérive du latin *pensare*, « peser » ou « évaluer ».

La pensée est la façon dont ton mental évalue ta position intérieure et extérieure. Elle est une réaction relative à tes perceptions, à ton ressenti et au temps présent.

Croire vient du verbe *credere*, « mettre sa confiance en quelqu'un ou en quelque chose ».

Cela implique un choix et, dans notre cas, une validation par l'expérience, donc une attache à notre histoire personnelle ou à une conviction antérieure. La croyance est de l'ordre de la vérité.

Dans ta liste de pensées, prends le temps d'identifier ce qui relève de la pensée et de la croyance. Un même signal peut être l'un ou l'autre, et tu ne le traiteras pas de façon identique.

Tu identifies par exemple que, face à une situation particulière, tu n'y arriveras jamais. Demande-toi pourquoi.

La croyance ne suggère en général pas d'autre réponse que « c'est ainsi », elle est une certitude. Tu sais que tu ne réussiras pas, car tu ne t'en estimes pas capable.

Elle produit un certain nombre de pensées négatives, parce que ton cerveau cherche à légitimer cette certitude. Tu te trouveras donc un tas d'excuses… Rappelle-toi que cette croyance est sa zone de sécurité et qu'il va donc s'efforcer d'y rester. Mais les premières notions qui apparaissent quand tu questionnes, ce sont celles de vérité intérieure et de conviction.

Les pensées négatives ou parasites ont différentes origines, elles sont en général attachées au réel. Dans notre exemple, tu n'y arriveras jamais, parce que tu n'as pas le temps. Et cela est vrai, car ton planning déborde. Ce qui valide la pensée négative, c'est le fait qui lui est lié, la sensation qu'elle provoque ou le déséquilibre qu'elle signifie.

IDENTIFIER L'ORIGINE

Pensées ou croyances, elles ne se sont pas établies par hasard. Elles sont des messagères. Pour comprendre ce qu'elles expriment, tu as plusieurs portes d'entrée. Penche-toi hors du mental et aborde les autres sphères.

Pensées

Questionner ta pensée en relation avec les divers types de messages qu'elle peut porter te permet de déterminer à quoi elle est accrochée.

Demande-toi d'où elle vient.

- Exemple : « Je n'y arriverai jamais. »
- Émotion : qu'est-ce que je ressens ? « J'ai peur. »
- Besoin : comment est-ce que je ressens cette pensée ? « Je me sens trop fatiguée. »
- Temporalité : à quel espace-temps est-elle attachée ? « J'anticipe sur le futur. »
- Histoire : est-ce que j'en ai déjà fait l'expérience ? « Non, je suppose donc que je ne vais pas y arriver. » Ou : « Oui, je suppose donc que, de nouveau, je ne vais pas y arriver. »

Croyance

Comme nous l'avons vu, les origines des croyances sont diverses. On distingue le cercle familial, ce que l'on t'a enseigné, la société dans laquelle tu évolues, ta propre expérience.Face à une croyance, demande-toi d'où provient cette vérité.

- Exemple : « Je n'y arriverai jamais. »
- Origine familiale : « On m'a toujours dit que j'étais bonne à rien. »
- Origine sociale : « Les femmes ne peuvent pas supporter de grosses charges de travail. »
- Expérience : « Dès que j'ai trop de travail, je m'effondre. »

Des faits valident-ils cette vérité ou t'a-t-elle été transmise par des instances auxquelles tu accordes ta confiance ?

Tu sais maintenant ce qu'il y a dans ta tête et ce à quoi c'est rattaché. Tu as identifié le ballon (une pensée ou une croyance), la ficelle et le caillou qui le retient, l'empêchant de prendre son envol. Puisque tu as ramené à ta conscience et reconnu ce qui te perturbe, que tu en connais également l'origine, tu vas pouvoir renverser la vapeur.

"I" POUR *Inversion*

Il ne s'agit pas d'éluder ce qui est en place, car si c'est là, c'est pour une bonne raison. Il est donc vain de tenter de nier ou d'effacer ce qui existe, mais en le considérant, tu peux passer d'un état à un autre.

INVERSER LES PENSÉES

La méthode d'inversion va dépendre de la nature de la charge liée à la pensée que tu veux traiter.

La charge émotionnelle

La charge émotionnelle peut indiquer une blessure ou quelque chose de profond dans l'être. Dans ce cas, cela nécessite de te pencher clairement et vraiment sur cette problématique. Néanmoins, l'émotion, tout comme la pensée, surgit pour te transmettre un message.

On distingue quatre émotions de base, qui ont chacune une cause et marquent un besoin.

Il te faut juste accueillir cette émotion et ce qu'elle met en lumière, comme tu l'as fait pour ta pensée. Accepte de la ressentir, puis reçois-la avec un mantra simple : « J'accueille cette (émotion)…, qui m'indique un sentiment de… et un besoin de… »

Bien évidemment, il va te falloir ensuite poser des actions qui répondront aux besoins exprimés, et apprendre à affirmer tes limites pour que les causes s'activent moins…

Émotion	Cause	Besoin
Colère	Injustice/ frustration/ impuissance	Être respecté/ être protégé/ fixer tes limites
Tristesse	Perte/manque/ séparation	Être consolé/ être réconforté/ accepter
Peur	Danger/inconnu/ insécurité	Rassurer/ protéger/fuir
Joie	Satisfaction/ gratitude	Partager/ créer du lien

La charge du besoin

Une pensée peut être liée à un ressenti physique inconfortable, elle t'indique alors qu'il y a un besoin auquel tu n'as pas répondu. Tu as exploré tes besoins physiologiques, passe donc en revue ta journée pour déterminer si un déséquilibre n'a pas été créé par un manque éventuel. Dans ce cas, redresse la barre. Parfois, c'est très simple, ton mental fonctionne en boucle ou résiste, parce que tu n'as pas apporté à ton cerveau les nutriments essentiels.

Il se peut également que le déséquilibre provienne du fait que tu n'as pas répondu à un autre type de besoins, tes besoins individuels, ceux de l'être, comme la créativité, le relationnel, la nature, etc. De la même façon que pour tes besoins physiologiques, demande-toi si une insuffisance n'a pas conduit à un déséquilibre. Ne pas pouvoir échanger avec un ami avec qui tu aimes discuter peut quelquefois donner lieu à des pensées parasites, car le dialogue te sert à opérer un tri dans ton esprit.

La charge du temps

Les pensées qui se bousculent dans ta tête se situent parfois simplement dans le mauvais espace-temps. Parmi celles que tu as listées, lesquelles se rapportent à hier, à aujourd'hui, à demain ? Tu peux établir des to do lists sur lesquelles tu inscriras chaque chose qui occupe ton esprit dans la temporalité qui lui correspond. Par exemple : la lessive, c'est le vendredi et nous sommes mardi. Tu la programmes dans la case « Vendredi » et tu ne t'en soucies plus. Le jour venu, tu verras l'information en consultant ta liste. D'ici là, comme c'est écrit, ton mental est en mesure de la lâcher. Tu peux te faire des to do lists pour tous les jours, par semaine, par mois, par trimestre. L'objectif de ces aide-mémoire n'est pas de te mettre la pression, les choses qui y sont notées peuvent absolument basculer de l'une à l'autre ; le seul but est de libérer ton esprit pour qu'il ne traite que ce qui est de l'ordre de l'ici et maintenant. Le fait d'écrire rassure l'esprit, il sait qu'il n'oubliera pas.

La charge du passé

Lorsqu'une pensée est attachée au passé, c'est un peu plus compliqué, car elle peut être le signe d'une croyance. Nous allons y revenir. Pour le moment, considérons simplement la pensée qui active un souvenir douloureux. Certes, quand ça fait mal, ça fait mal, mais chaque expérience est un vecteur d'apprentissage. Tu peux dans ce cas en dégager le positif et porter ton attention sur ce que cela t'a apporté. En quoi cette expérience t'a-t-elle fait grandir ? Quelles sont les ressources qu'elle t'a permis de développer ?

Tu peux mettre de la valeur dans la douleur, et ainsi soulager le passé de sa charge négative, et donc ta pensée présente. N'oublie pas que, si ton cerveau travaille avec ta mémoire, c'est pour t'éviter le danger – même si c'est désagréable ou inconfortable, ce n'est pas contre toi.

INVERSER LES CROYANCES

Tes croyances sont relatives à ce que tu tiens pour vrai. Même si aujourd'hui elles te semblent absurdes, il n'empêche que c'est ce que ton esprit a intégré comme autant de vérités. Elles reflètent certes une réalité intérieure profonde, et c'est pourquoi il faut les respecter, en reconnaître la valeur, mais elles ne sont pas définitives.

Prenons un exemple : tu as identifié une croyance selon laquelle tu dois toujours être au maximum de tes capacités, dont l'origine réside dans ton cercle familial. Tes parents ne te félicitaient en effet que lorsque tu réussissais ce que tu entreprenais.

Identifier le bénéfice secondaire

Si tu as acquis cette croyance, c'est pour une bonne raison, mais quelle est-elle ? Donc, en premier lieu, il te faut rechercher son utilité.

En fonction de son origine, elle t'apporte un bénéfice simple – ici, être accepté par ta famille ou dans la société. Si elle provient de ton expérience, son bénéfice est autre – la sécurité, par exemple.

Une fois le bénéfice identifié, remercie.

Exemple : « Je me remercie d'avoir développé la croyance selon laquelle je dois toujours être au maximum de mes capacités, car elle m'a permis de recevoir l'amour et la validation de mes parents, dont j'avais besoin pour me sentir à ma place. »

Identifier les ressources

Ta croyance te permet également de développer des ressources. Eh oui, sans fragilité, il n'y a pas de force. C'est grâce à la souffrance que tu trouves les capacités pour t'en protéger.

Définis quels sont les atouts que ta croyance t'a poussé à acquérir.

Et une fois de plus, remercie.

Exemple : « Je remercie la croyance selon laquelle je dois toujours être au maximum de mes capacités, car elle m'a permis de développer les ressources d'adaptation, de flexibilité, de polyvalence, d'endurance, de persévérance, le goût de l'effort et du travail, la précision, etc. »

Inverser

Tu as à présent un pendant négatif et un pendant positif à ta croyance. Tu peux la renverser en toute sécurité pour ton cerveau.

Exemple : « Même si je crois que je ne peux être aimé que quand je suis au maximum de mes capacités, j'accepte d'être aimé pour ce que je suis. »

"R" POUR *Ressenti*

Maintenant que tu as inversé le cap de ton mental, tu vas pouvoir sentir souffler le vent de la création et de l'apaisement.

Il te faut ancrer ce que tu as semé dans ton esprit, et cela passe nécessairement par le ressenti. Car c'est une clé. Une intention ne puise sa force que dans la cohérence de la trinité corps-cœur-esprit. Pour créer, il te faut sentir, c'est l'axe cœur-cerveau et le ressenti du corps qui génèrent l'énergie indispensable à la création. Jusque-là, tu étais tiraillé entre des signaux contradictoires. Or, te voilà dans un état d'alignement reposant sur l'écoute et l'accueil. Chaque chose est à sa place et tu peux aborder la vie sous un autre angle, tu peux croire en toi et en tes ressources.

VISUALISER

La visualisation est un peu comme l'étape d'apprentissage qui va donner de l'information à ton cerveau et le sécuriser en vue du passage à l'action.

Visualise-toi fort avec ta nouvelle croyance. Imagine-toi dans le réel en train de vivre l'expérience. Cherche la sensation physique, la joie, le contentement, la satisfaction... et unis l'image, le ressenti, l'émotion et les mots. Représente-toi le tout comme dans un cadre et fais descendre cette évocation dans ton cœur, puis dans ton ventre, laisse-la diffuser en toi.

Scanne le code pour une visualisation guidée.

CONNECTER LE CORPS ET L'ESPRIT

Dans ton quotidien, porte ton attention sur ton ressenti corporel lorsque tu agis à partir de ta nouvelle croyance. Tout nouveau signal du cerveau va engendrer un nouveau ressenti physique. Par exemple, tu peux te sentir plus léger, avec une vitalité accrue, tu peux éprouver un profond apaisement… Associe ces sensations physiques à la nouvelle croyance pour l'ancrer dans la mémoire. N'oublie pas que le cerveau est connecté au corps : il est donc important de souligner la satisfaction dans ce dernier.

CONNECTER LE CŒ UR ET L'ESPRIT

Focalise-toi ensuite sur ton cœur et ta sphère émotionnelle. Que ressens-tu ? De la joie, de l'enthousiasme ?… Associe là aussi la nouvelle croyance et l'émotion, le cerveau a besoin de cette information pour enregistrer la connexion récemment établie. Souligne la satisfaction dans le cœur.

OBSERVER L'ESPRIT

Tu l'as bien compris, la clé repose dans l'alignement de la trinité corps-cœur-esprit.

Lorsque tu passes à l'action, donc, de la même façon que tu portes ton attention sur ce que tu ressens dans ton corps et dans ton cœur, sois également à l'écoute de ton esprit. Comment cela se passe-t-il dans ta tête ? Est-ce clair, libre ?…

Prends le temps de valoriser ton ressenti dans chacune de ces sphères, aligne ta trinité et n'hésite pas à utiliser la visualisation pour stimuler le tout.

"E" POUR Expérience

Il n'y a pas de secret, on ne naît ni avec le code, ni avec la bonne recette, et l'ensemble de notre expérience peut devenir une véritable entrave. Il te revient, d'une part, d'explorer les possibles jusqu'à trouver ce qui est juste pour toi et, d'autre part, de renouveler la carte mémoire de ton cerveau pour que ton mental modifie son référentiel.

ANCRER DANS L'EXPÉRIENCE

Il te faut agir. Mets en œuvre progressivement quelques actions qui vont te permettre d'éprouver ta nouvelle croyance. Mais attention, vas-y tout doucement (on y reviendra plus en détail dans « Kaizen et kief »). Tu relies dans l'expérience l'esprit, le corps et le cœur, et tu enrichis ainsi le référentiel de la mémoire. Le cerveau a besoin de créer des connexions, il faut faire !

RESTER À L'ÉCOUTE

Ton mental te donne à chaque instant des informations précieuses. Sois vigilant à ne pas te déconnecter de ces signaux. Quand quelque chose tourne dans ta tête, explore ton environnement (les dangers), ton équilibre (tes besoins), tes émotions, etc. Et va soulager la pensée. Perds l'habitude de rejeter ou de ressasser, accueille et apprends. D'une expérience à la suivante, tu ancres les choses en toi.

CRÉER

À partir de l'état d'alignement corps-cœur-esprit que tu favorises ainsi, tu reprends possession du pouvoir créateur de ton mental. Alors, donne-t'en à cœur joie, crée ! Repousse chaque jour un peu plus les limites de tes possibles ! La plupart des choses que nous nous refusons de réaliser, nous ne les faisons pas parce que nous ne nous en croyons pas capables. Chaque fois que tu te vois te retenir, questionne et mets en œuvre le process CROIRE. Redeviens un créateur, un acteur de ta vie, un cocréateur du monde dans lequel tu vis.

En résumé

"C" pour conscience

Entraîne-toi à devenir conscient de tes pensées, de leur influence sur ton état d'être et ta réalité.

"R" pour reconnaissance

Apprends à accepter ta vie mentale, sans jugement et dans la bienveillance.

Note les pensées qui t'encombrent pour te mettre à distance.

Sois dans l'accueil avec un mantra du type : « J'accueille chacune de ces pensées comme un vecteur de compréhension et d'évolution. »

"O" pour origine

• Fais la distinction entre pensée et croyance. La croyance relève d'une vérité intérieure, la pensée est plus attachée au réel (ressentis, émotions, etc.).

• Repère l'origine de tes pensées : émotions, besoins, temporalité, histoire.

• Repère l'origine de tes croyances : familiale, sociale, expérience.

"I" pour inversion

Inverse les pensées en fonction de leur origine :

• Émotions : écoute le message qu'elles portent. Atténue la charge avec le mantra d'Ho'oponopono : « Je suis désolé, pardon, merci, je t'aime. »

• Besoins : observe lequel de tes besoins physiologiques ou individuels crée un déséquilibre et réponds-y.

• Temporalité : établis des listes pour attribuer aux choses l'espace-temps qui leur correspond et soulager ainsi le mental de ce qui ne concerne pas le temps présent.

• Histoire : connecte le souvenir auquel est accrochée la pensée et valorise l'apprentissage. Mets du positif dans le négatif.

Inverse les croyances.

• Identifie le bénéfice secondaire : chaque croyance s'est installée pour te préserver de quelque chose. Évalue ce bénéfice secondaire et remercie pour cela.

• Identifie les ressources : énumère les qualités qu'il t'a fallu cultiver pour éviter l'inconfort, ou ce que telle ou telle croyance t'a permis de développer. De nouveau, remercie-toi.

• Inverse : avec la croyance et les ressources, construis l'affirmation opposée (« même si..., j'accepte...).

"R" pour ressentir

• Visualise : le cerveau ne fait pas la différence entre le réel et l'imaginaire. Profites-en pour utiliser la visualisation comme on a recours à l'apprentissage, de manière à le rassurer.

• Connecte le corps et l'esprit : ton cerveau a besoin du ressenti pour valider une pensée ou une croyance. Sois attentif à ce que tu éprouves, afin de l'aider à imprimer.

• Connecte le cœur et l'esprit : ton mental associe chaque situation à une émotion. Porte ton regard sur ta sphère émotionnelle et ancre tes pensées et tes croyances dans ton cœur.

• Observe l'esprit : porte ton attention sur l'état de ton mental et savoure. S'il est libre, c'est que tu es aligné.

"E" pour expérience

• Ancre dans l'expérience : le référentiel de la mémoire se construit en associant expérience et ressenti ; alors, expérimente à partir des nouvelles croyances acquises pour l'enrichir.

• Reste à l'écoute : les signaux de ton mental te renseignent sur les dangers environnants, tes besoins, la temporalité, etc. Ne lutte plus contre lui et écoute-le, il te rend service...

• Crée : à partir de l'alignement corps-cœur-esprit, tu deviens un créateur puissant, tes intentions, plus cohérentes, sont désormais une source d'attraction. Alors, vas-y, crée !

HACK

Kaizen et kief

Nous avons accompli l'essentiel du travail. Je veux simplement ajouter un ou deux mots pour finir et achever de te transmettre une posture juste dans ton trajet vers toi-même.

Pour avancer sereinement, et surtout de façon pérenne, il est capital de s'assurer que l'on progresse dans le bon sens et que les transformations s'opèrent dans la cohérence et l'approbation de l'ensemble de l'être. Si tu ne considères pas le système dans sa globalité, tu prends le risque qu'une part résiste. Mieux vaut donc y aller doucement et sûrement.

KAIZEN

Le travail sur ton mental implique de passer à l'action pour enrichir le référentiel de ta mémoire, et ainsi ancrer tes ressources dans ton esprit. Mais attention, assure-toi d'avoir fait le travail préliminaire, sinon tu vas lever toutes tes barrières de défense.

Si tu te fixes la paix de l'esprit comme finalité et que tu décides d'entreprendre toutes les actions en même temps, c'est un peu comme si tu te présentais au pied de l'Himalaya en tongs… Tu as peu de chances d'y arriver, d'une part, parce que l'objectif est trop grand, de l'autre, parce que tu n'es pas équipé.

Que dirais-tu de faire basculer la montagne à l'horizontale ? Tiens, c'est un chemin qui se dessine… Ça semble déjà plus accessible… Lorsque tu te lances dans une randonnée, tu dois savoir d'où tu pars, où tu vas et quelles sont les étapes. C'est pareil avec ton chemin intérieur.

1. ÉVALUER LE POINT DE DÉPART

Utilise le système du baromètre intérieur. Évalue ton degré de bien-être et de satisfaction sur une échelle de 1 à 10 quand tu commences.

2. DÉFINIR L'OBJECTIF ET LES ÉTAPES

Ton mental n'est pas capable de traiter ce qui ne relève pas de l'ici et maintenant. À présent que tu sais d'où tu pars, fixe-toi un objectif dans le temps et décompose-le par étapes, en tout petits pas. C'est ce que j'appelle la « philosophie du grain de riz » : avance grain de riz par grain de riz… N'aie pas peur de faire des pas minuscules ! Ne les juge pas ; ce qui compte, c'est que tu chemines en sécurité.

3. AGIR

Tu l'as maintenant compris, il est essentiel d'agir et de passer par l'expérience pour que ton mental valide et intègre un nouveau paradigme, mais vous devez pour cela collaborer. Ce qui nous amène au dernier acronyme : AVEC.

> "A" pour agir.
> "V" pour valoriser.
> "E" pour explorer.
> "C" pour continuer.

"A" POUR AGIR

L'action est primordiale, mais si tu ne t'en crois pas capable, tu ne peux pas l'entreprendre. Fais fi du jugement d'autrui et concentre-toi sur ce qui est juste pour toi.

Tu dois mener des actions en conscience. Ton mental cherche à maintenir l'équilibre et la sécurité, ne lui propose donc pas de sauter dans le vide sans parachute, avance un pas après l'autre. Sois toujours avec toi, jamais contre.

"V" POUR VALORISER

Valoriser, c'est ce qui va te permettre de porter ton attention sur le résultat de l'action et de nourrir le circuit de la récompense et de la motivation. Quoi que tu entreprennes, mets-toi à l'écoute de ton ressenti et des bénéfices que tu en tireras.

Je te le rappelle : ton mental n'est pas très doué pour retenir le positif, tu dois donc souligner fort et appeler toutes les sphères de l'être. Imprime ensemble pensée, ressenti physique et émotion (corps-cœur-cerveau). Ainsi, tu laisses une trace pérenne dans ton esprit et il t'incitera à retourner vers d'autres expériences.

De plus, chaque réussite te stimuleras pour repousser tes limites. Plus tu valoriseras tes actions, plus tu te croiras capable d'en générer de nouvelles. C'est un cercle vertueux.

Tu ne sors pas de ta zone de confort, tu la déplaces.

"E" POUR EXPLORER

Si tu as passé un bon moment empêtré dans tes pensées parasites et tes croyances limitantes, il se peut que tu sois clairement déconnecté de ton potentiel et que ton champ des possibles soit un peu restreint. Ce n'est pas grave. Tu vas agrandir la toile petit à petit, à mesure que tu prendras confiance dans tes capacités.

Autorise-toi à chercher ce qui te convient, à tester, à faire des erreurs et à balbutier. C'est ton droit, c'est humain et tu es en chemin. On ne vient pas au monde avec le mode d'emploi, alors, reste cool et ose être toi-même.

Personne ne détient la vérité universelle. Il s'agit de trouver la tienne. De même que ce qui fonctionne pour toi n'est pas nécessairement profitable à ton voisin. Ta perception du monde et de toi-même t'est propre, travaille à élargir le champ de tes possibles par l'exploration, mais ne laisse personne le limiter à ta place, tu t'en charges déjà très bien tout seul. Ne te permets pas non plus d'entraver celui des autres ; au contraire, inspire-toi d'eux et grandis encore par leurs expériences.

"C" POUR CONTINUER

Il n'y a pas de miracle : le seul moyen d'apprendre et d'intégrer, c'est l'entraînement et la répétition. Rappelle-toi que le cerveau renforce ses connexions les plus utilisées, alors, renouvelle les actions et valorise, c'est cela qui t'aidera à mûrir, et tu finiras par avoir complètement transformé ton mode de pensée sans t'en apercevoir. La seule solution, c'est la persévérance, faire sans se décourager, jusqu'à ce que cela devienne automatique.

Je ne te l'ai pas caché, ce n'est pas un programme magique, c'est un cheminement, il te faut marcher, trébucher, explorer et découvrir... encore et encore...

4. RÉÉVALUER

Donne-toi le temps d'explorer, de tester, laisse-toi aussi celui d'ancrer les choses en toi, à commencer par accepter ce qui est. Puis, au bout de deux mois, réévalue ton degré de bien-être et de satisfaction sur une échelle de 1 à 10. Réajuste ton baromètre intérieur s'il ne te paraît pas encore satisfaisant. Tu es en construction, et ce, pour toute la vie, tu as le droit de changer d'avis et de te tromper...

En résumé

Pour agir, fais AVEC.

- **Agir :** engager les actions nécessaires pour répondre aux besoins ou soigner les blessures.

- **Valoriser :** valoriser le résultat de chaque action pour enrichir le référentiel de la mémoire. Faire preuve de gratitude envers soi-même.

- **Explorer :** accepter d'être en chemin et de se rencontrer. Tester, chercher, expérimenter jusqu'à trouver ce qui est juste pour soi.

- **Continuer :** c'est par l'entraînement et la répétition que les choses s'intègrent. Accepter de trébucher et de recommencer jusqu'à ce que le processus devienne automatique.

KIEF

Le kief est le repos absolu avec toi-même et avec autrui. Nous avons beaucoup parlé de ton cheminement intérieur, mais le travail sur ton mental va te conduire à mener des actions dans le monde et, en cela, à modifier la perception que tu as de l'autre. Inévitablement, tu devras te confronter à ses réactions, à ses comportements et à ses croyances, et manifester envers lui de l'assertivité.

Kiffer, c'est donc également t'affirmer, ne prendre en charge que ce qui te concerne tout en respectant autrui et en maintenant une juste distance avec lui. Maintenant que tu comprends ce qui vit en toi, tu peux aussi appréhender ce qu'il ressent.

Tu as la responsabilité non seulement de ce qui t'anime, mais surtout de privilégier ce qui est bon pour toi. Si, par le trajet que tu fais vers toi-même, tu identifies des besoins, des limites, des émotions, etc., il t'appartient d'entamer le chemin de guérison ou d'y répondre. Il t'appartient plus que tout de poser des limites face à autrui, afin de ne pas le laisser menacer l'équilibre qui t'est essentiel. Ce que tu as appris de toi et de tes mécanismes internes, transpose-le sur lui et fais preuve de compassion et de bienveillance. Il a lui aussi ses limites et ses besoins.

Tu récoltes ce que tu sèmes : si tu veux que l'on te respecte, respecte-toi et respecte les autres. Occupe-toi de toi et de ta responsabilité envers toi-même, exprime-toi à la première personne et laisse à autrui ce qui le concerne. C'est le mieux que tu puisses faire, pour l'un comme pour l'autre. Puisque tu ignores ce qu'il a vécu, tu ne peux pas présupposer pour lui. Accepte cet état de non-savoir et laisse-le décider de ce qui est juste pour lui. Si tu agis à sa place, non seulement cela ne t'apaisera pas, mais tu t'installeras sur son territoire, dans son espace, en lui ôtant une bonne partie de son pouvoir personnel, et ça, ce n'est ni juste ni bon. C'est à lui seul qu'il revient de trouver son chemin. Et surtout, le signal que tu lui enverras, c'est qu'il ne peut pas se prendre en main, que tu n'as pas confiance dans sa capacité à faire. Si tu le veux, transmets ce que tu as appris, mais ne te substitue pas à l'autre.

Le kief repose en outre sur l'acceptation, le lâcher-prise. Nous avons jusque-là parlé de l'accueil de ce que tu es et de ce qui t'anime, mais dans ta relation à l'autre, il va te falloir admettre qu'il ne soit pas au même endroit, qu'il n'ait pas le même désir de compréhension ou d'introspection que toi. Ça lui appartient et c'est son droit. Tu ne peux pas lui imposer ta vérité ou ta volonté, tu peux simplement décider de ce que tu souhaites dans ton espace intime. Tu es toi et l'autre est lui, sans jugement.

À partir de là, en paix avec toi-même et avec autrui, tu peux vraiment commencer à kiffer.

Le kief, le repos absolu, c'est un état de l'être plein d'apaisement avec les yeux ouverts. Souvent, nous perdons cette acuité lorsque le regard se détourne. Souvent, l'insatisfaction naît lorsque nous arrêtons de nous retourner pour évaluer et apprécier. Alors, n'oublie pas d'où tu viens et prends l'habitude de mesurer régulièrement le chemin parcouru, ce que tu as acquis et appris, savoure tes progrès ; n'hésite pas à revenir en arrière pour reprendre certaines étapes. Reste en mouvement, continue d'explorer, d'avancer, d'évoluer. Ne cesse jamais de communiquer avec toi-même.

Pose-toi et repose-toi, prends le temps, prends le temps de kiffer !

CONCLUSION

Les alchimistes disent que l'Univers est esprit et c'est bien la leçon que nous enseigne la vie mentale. Le cerveau compose et recompose la réalité en permanence de façon subjective, ta vérité n'est que tienne et est interconnectée à ton expérience et à ton apprentissage.

Si ce qui est en haut est comme ce qui est en bas, ce qui est au-dehors est comme ce qui est au-dedans. Tu bâtis à l'extérieur à l'image de ce qui vit à l'intérieur. Tu es un maître créateur, si tant est que tu apprennes de ton mental l'absolue nécessité d'un état d'harmonie. L'esprit est tout et agit sur tout, le corps autant que le cœur et l'environnement. Ainsi, l'équilibre de ta vie mentale dépend de la cohérence de cette trinité si primordiale du corps, du cœur et de l'esprit.

Le tout se crée à partir de et dans l'esprit. Tu en as à chaque instant le choix. La réalité s'élabore à partir de ce à quoi tu accordes de l'importance, une validation.

Hacker ton mental te confronte au libre arbitre, à la libre décision de valider telle ou telle chose, d'agir dans un sens plutôt que dans un autre. Cette habileté réside dans la capacité d'être apprenant, ainsi que dans la conscience que tu as de ce qui motive tes choix. La conscience, cum scientia, est une clé, avec la connaissance.

Dès lors, la liberté n'est que la conscience des limites et la connaissance de ce qui permet de les transcender. Croire en toi et en ton pouvoir créateur, c'est bien reprendre le pouvoir de décision si essentiel et constitutif de ta sphère mentale, choisir la lumière de la conscience, guidé par le savoir sur le chemin de l'expérience. Croire que chacun de tes pas t'appartient et les déterminer pleinement dans un état d'alignement et de cohérence.

Ce que tu décides de croire dans l'esprit, c'est ce que tu décides de créer dans la matière.

Élodie T.

OSE te Déployer

Ose te Déployer, qu'est-ce que c'est ? C'est une voie de développement personnel que j'ai mise au point à mesure de mon propre cheminement et de mon expérience d'accompagnante.

J'ai commencé par le soin énergétique et je me suis vite aperçue que les déséquilibres n'étaient pas résorbés de façon pérenne, et qu'il était nécessaire de réaliser un travail de fond sur la source des symptômes. Tant que leur origine n'est pas traitée, l'être s'exprime en effet sous de multiples voix. Sans avoir le désir de devenir psychologue, j'ai eu envie d'accompagner plus complètement. J'ai donc beaucoup appris et expérimenté pour parvenir à un protocole de travail en trois étapes : prendre conscience, comprendre et se libérer, ce qui ouvre la voie à une quatrième phase, le déploiement de ses possibles.

Ce chemin se fait selon deux piliers essentiels et indissociables : l'apprentissage et l'expérience. « Connais-toi toi-même » et « ose devenir qui tu es » sont les deux mantras sur lesquels repose la méthode Ose te Déployer. Tu dois apprendre, puis expérimenter, pour parvenir à te libérer des entraves ou des dysfonctionnements qui empêchent le déploiement de ton potentiel.

Je suis ainsi, par bien des aspects, une éducatrice thérapeutique, car s'il est une chose que j'ai apprise, c'est qu'il ne réside aucune solution viable qui soit extérieure à soi – tu es la solution, tout est en toi, déjà là, et ne demande qu'à être révélé. Le cœur de mon métier est de te restituer le pouvoir que tu as enfoui en toi, et ce, par la connaissance, car c'est elle qui rend libre : connaître, c'est « naître avec » ; te connaître, c'est renaître à toi-même.

Et c'est ainsi que je vois mon métier : te guider sur un chemin que j'ai moi-même arpenté. Je ne sais pas ce qui est bon et juste pour toi, et ce n'est pas à moi d'en décider. Même si parfois je vois, je sens, c'est ton chemin et tu en es le maître, je ne suis qu'une porteuse de lumière, c'est toi qui progresses. Tu es l'acteur. Le non-savoir et la non-intervention sont précieux pour moi ; je ne détiens aucun pouvoir ni aucune vérité, je te rends simplement ceux dont tu t'es défait, en te transmettant de nombreux outils de compréhension ainsi que des outils pratiques. Le travail avec moi est très proactif. Avec la connaissance vient la responsabilité, c'est à toi et à toi seul qu'il appartient de mener les actions qui te permettront de devenir celui ou celle que tu veux être. J'ai aussi à ma disposition de multiples techniques de soin, que nous explorons en fonction du besoin et de ce qui est là à l'instant de la séance. Je ne travaille que dans le présent.

Ma posture fondamentale est l'accueil et l'amour. La clé, pour moi, est de cesser de combattre, et d'aimer. Aime tes blessures et ainsi tu les apaiseras. Il n'est nulle nécessité de changer, il s'agit d'accepter, d'aimer et de réunifier un être qui s'est divisé à mesure de l'histoire ; le chemin est celui de l'acceptation et de l'unification. Tout a sa raison d'être, il faut plonger, avec pour seul souffle l'amour.

Je vois chaque séance comme un acte militant ; je cherche avant tout à démystifier et à désacraliser en t'amenant à plus de conscience et de paix, en te permettant de reprendre en main ton pouvoir personnel et ton pouvoir créateur, je te permets d'être le changement. « Ose te déployer » est d'abord un credo, un hymne. Je ne crois qu'en toi, en moi, en nous. Nous sommes infiniment puissants et nous pouvons tout. Il nous faut juste oser être qui nous sommes, oser nous déployer !

Je suis donc une femme de terrain et je te retrouverai dans la vie avec joie autour des divers événements que je propose, au cours des projets à venir ou sur les réseaux sociaux : Facebook, Instagram et YouTube @osetedeployer. N'hésite pas à me suivre, à me faire partager ton expérience. Je transmets par bien des voies, depuis la séance à la formation en passant par les livres et le virtuel. Tu trouveras sûrement ce qui te convient si tu veux créer du lien. Toutes les informations sont sur mon site ose-te-deployer.com.

À très vite ! Et n'oublie pas : ose te déployer !

NOTES

1. Grangier (P.), Roger (G.), Aspect (A.), « Experimental Evidence for a Photon Anticorrelation Effect on a Beam Splitter : A New Light on Single-Photon Interferences », *Europhysics Letters*, 1986, 1(4), 173.

2. *Ibid.*

3. Voir aussi l'expérience du chat de Schrödinger : https://www.futura-sciences.com/sciences/definitions/physique-chat-schrodinger-4693/.

4. Jacques (V.), Wu (E.), Grosshans (F.) et al., « Experimental Realization of Wheeler's Delayed-Choice Gedanken Experiment », Science, 2007, 315(5814), 966-968.

5. Cf. https://sante.lefigaro.fr/actualite/2012/09/24/19138-placebo-peut-il-vraiment-soigner ; *Science et Vie*, octobre 2019, 1225 (https://www.science-et-vie.com/corps-et-sante/effet-placebo-il-soigne-vraiment-51528).

6. Carvalho (C.), Caetano (J. M.), Cunha (L.) et al., « Open-Label Placebo Treatment in Chronic Low Back Pain : A Randomized Controlled Trial », *Pain*, 2016, 157(12), 2766-2772 (consultable en ligne https://journals.lww.com/pain/Fulltext/2016/12000/Open_label_placebo_treatment_in_chronic_low_back.17.aspx).

7. Voir notamment les travaux de Joseph E. LeDoux, psychologue à l'université de New York et directeur du Centre de neurosciences sur la peur et l'anxiété.

8. Cf. https://www.heartmath.org/research/research-library.

9. Notamment Konstantin Korotkov (*Champs d'énergie humaine*, Marco Pietteur, 2010), Vladimir Nesterov (système de diagnostic non linéaire permettant d'établir des bilans de santé) et Sergueï Koltsov (correcteur d'état fonctionnel).

10. Cf. https://www.masaru-emoto.net/en (en anglais).

11. Cf. https://www.sheldrake.org ; https://www.greggbraden.com ; https://drjoedispenza.com ; https://www.brucelipton.com.

12. Blake (W.), *Le Mariage du Ciel et de l'Enfer*, 1793.

13. Cf. https://www.frcneurodon.org/comprendre-le-cerveau/a-la-decouverte-du-cerveau/anatomie-du-cerveau-et-du-systeme-nerveux.

14. Coyle (D.), Le Talent code, Alisio, 2020.

15. Anzalone (M. E.), Lane (S. J.), « Sensory Processing Disorder », in Bundy (A. C.), Lane (S. J.), *Kids Can Be Kids : A Childhood Occupations Approach*, F. A. Davis Company, 2011, p. 437-459.

16. Ibid.

17. Dispenza (J.), *Evolve Your Brain : The Science of Changing Your Mind*, Health Communications, 2008.

18. Hanson (R.), Mendius (R.), *Le Cerveau de Bouddha*, Pocket, 2013, p. 77. La mémoire explicite, ou déclarative, implique la récupération consciente d'informations spécifiques. La mémoire implicite, ou non déclarative, fait référence aux compétences et aux habitudes acquises, y compris le souvenir d'événements à partir de certains déclencheurs.

19. Cf. https://www.cen-neurologie.fr/premier-cycle/semiologie-analytique/syndrome-myogene-myopathique/syndrome-myogene-myopathique-15.

20. Hanson (R.), Mendius (R.), *Le Cerveau de Bouddha*, op. cit., p. 70.

21. Cela a été mis en évidence dès 1954 par James Olds et Peter Milner, grâce à des expériences pionnières chez l'animal. Voir aussi Vincent Roy, université de Rouen, sur http://psychobiologierouen.free.fr, et https://www.futura-sciences.com/sante/definitions/cerveau-circuit-recompense-16606.

22. Bernardinelli (Y.), « Comment le cerveau stabilise ses connexions pour mieux apprendre », université de Genève, juillet 2014, https://www.unige.ch/communication/communiques/files/7114/8698/6414/CdP140717.pdf.

23. *Ibid.*

24. *Ibid.*

25. D'après les études du Dr Daniel Gregory Amen.

Achevé d'imprimer par Macrolibros pour le compte
des Éditions Marabout (Hachette Livre)

58, rue Jean Bleuzen, 92178 Vanves Cedex

Dépôt légal : septembre 2020

ISBN : 978-2-501-14422-3

6498228